［シリーズ・ふるさと靖國5］

故郷の護國神社と靖國神社

「故郷の護國神社展」の記録

靖國神社編

展転社

はじめに

靖國神社宮司　南部　利昭

靖國神社に鎮まりいます英霊は、祖国のために尊い生命を捧げられた。その意味では英霊は国家との関係としてある。ではあるが、靖國神社御神前に奉仕のまことを捧げるとき、英霊と故郷との関係には強いつながりがあることもまた実感する。

愛する祖国、愛する故郷、愛する家族のために、この世では再びは享《う》くることのないその尊い命を捧げられた英霊にとって、故郷とは何だったのであらうか。戦地では美しい故郷の風景を思ひ描き、故郷に残してきた家族の面影を偲んだことであらう。そして故郷を誇りに思ひ、美しき故郷を守るために戦ったのであらう。英霊は愛する家族、美しき故郷、高貴なる祖国の明るい明日を信じて、生命を捧げられたのではないだらうか。

故郷を思はれる英霊のまごころをお伝へ致したく、かつ故郷では故郷の英霊に対する奉慰顕彰の祭祀、行事が厳粛にかつ盛大に行はれてゐることをご案内致したく、遊就館では平成十八年三月一日より平成十九年一月三十一日まで特別展「故郷の護國神社」を開催した。遊就館常設展をご覧の方々にはこの特別展もご拝観頂いたので、実に五十万の方々にご覧頂いたことになる。この場をお借りしてご拝観くださった方々に厚く御礼申し上げる。

静岡県御出身、昭和十九年十二月七日、マリアナ諸島にて戦死された陸軍中尉山下瀞命の御遺書には次の言葉が記されてゐる。

父上　母上様

瀞は幸者でした。喜んで笑って行きました

故郷の山河、浜名の湖水に遠洲灘に、瀞の魂は幸福に眠ってゐます

山下瀞命は家族のこと、故郷のことを偲びつつ祖国に殉ぜられたのであらう。そして戦死後は護國の神となり、靖國神社に、護國神社に、故郷の家に、山河に鎮まり、祖国を、故郷を、家族を見守り続けてゐるに違ひない。

靖國神社の御神前には常に参拝者からのお供へ物が捧げられてゐる。お米、お酒、お水、お菓子、お花、などなど故郷のお品を英霊に捧げ奉らんとの思ひである。

「故郷の護國神社」展では、故郷に鎮まる五十二社の護國神社のこと、当該故郷御出身英霊の御遺品・御遺書とともに、今に生きる私どもの英霊に対する深き思ひを描いたつもりである。「故郷の護國神社」展は終了したが、代って本書が「英霊の故郷」「故郷の英霊」のことを伝へてくれる筈である。

『故郷の護國神社と靖國神社』刊行にあたり

全國護國神社會会長
秋田縣護國神社宮司　面山　千岳

兎追ひしかの山　小鮒釣りしかの川　夢は今もめぐりて　忘れがたき故郷
如何にいます父母　恙なしや友がき　雨に風につけても　思ひ出づる故郷

「故郷」高野辰之作詞

英霊にとって故郷は「忘れがたき」ものであり、「思ひ出づる」ものであった。遠い戦地で英霊は何を思はれたであらうか。故郷の美しい自然、幼き日遊んだ鎮守様、学び遊んだ学校、出征の日に参拝した護國神社、日が暮れるのも忘れて遊んだ友達、厳しかった恩師、出征する日に歓呼して送り出してくれた村の人々、そして故郷で自分の帰りを一日千秋の思ひで待ちこがれる家族。などなど「ふるさと」を思ひ、時に微笑み、時に涙を浮かべられたのではないでせうか。

そして、その英霊に思ひを馳せる故郷では「ああ父さんのあの笑顔　栗の実食べては思ひ出」し、「ああ父さんよ御無事でと　今夜も母さんと祈り」（「里の秋」斎藤信夫作詞）を続けたことであらう。

英霊は尊い生命を御国に捧げた方々の神霊である。英霊は家族、故郷を通して、愛する家族、愛する故郷を守らんことを通して、祖国日本を守らうとされたのではないだらうか。

昨年三月より本年一月末日まで靖國神社遊就館で開催された特別展「故郷の護國神社」には大勢の

方々が訪れたと聞いてゐる。お盆や正月、故郷に帰ることができなかった参拝者が、出身県の護國神社のパネル写真や故郷御出身英霊の御遺書・御遺品を拝して涙されたこともあったと聞く。英霊と故郷が切っても切れないものであり、護國神社の御祭神はいついつまでも故郷を守り続け、故郷は今に至るまで、故郷の英霊を誇りとし、祭祀し続けてゐることをご理解頂けたのではないかと、思ふこと切である。

さらには、今回この特別展を題材とした本書が刊行され、英霊のまごころが多くの方々に伝へられる運びとなったことは、護國神社に奉仕する者としてまことに有難いことである。

本書で護國神社についての解説がなされてゐるので多言を要しないが、英霊のそれぞれの故郷には、戦前内務大臣により指定された護國神社だけでも五十二社が鎮まり、故郷出身の英霊に対する奉慰顕彰の祭祀が日々欠かすことなく、斎行されてゐる。当該県ご出身の方々はもちろん、地方を訪れた際には是非そこに鎮まる護國神社にもご参拝されんことをお薦めし、ご挨拶とさせて頂く。

目　次

第一部 靖國神社と日本人

第二部　故郷の護國神社

カバー写真　表　「靖國神社みたままつり」（撮影・金子渡Ⓒ、平成十七年）
裏　「秋田招魂社への部隊参拝」
装幀　妹尾善史（landfish）

第一部

靖國神社と日本人

靖國神社に集う人々

靖國神社拝殿前

靖國神社は、明治二（一八六九）年に明治天皇の思し召しにより「招魂社」として創建された御社である。戊辰戦争で戦歿された官軍兵士をお祀りしたのが最初で、明治十二年には「靖國神社」と改称し、別格官幣社に列せられた。また、遡って維新の志士たちをはじめ嘉永六（一八五三）年以降の国事殉難者たちを合祀し、その後日清・日露の両大戦、第一次大戦、満洲事変・支那事変・大東亜戦争等幾多の戦役・事変の戦歿将兵を主とし、御国に尊い生命を捧げられた方々を奉斎している。今日、合祀の神霊《みたま》は二百四十六万六千余柱を数え、国民の厚い崇敬を受けている。

第一部では靖國神社と国民の様々な結びつきを紹介する。これまで神社の歴史や概要については論じられてきたが、なぜ多くの崇敬者が集い、どのような思いで参拝しているか、その思いをどのような形にして英霊に捧げているかはあまり語られてこなかった。愛する祖国、愛する故郷、愛する家族を守るために尊い生命を捧げた英霊に対する国民の思いとまごころを記し、国民のなす英霊奉慰顕彰の姿を描いてみたい。

春

毎年４月第１土曜日には「同期の桜を歌う会」が盛大に開催される。

昭和31年に東京新聞社が桜樹100本を納めるなど、多くの方からの奉納によって靖國の桜は守られている。

桃の節句には東京雛人形組合奉納の雛人形を拝殿に飾り御神楽が奉奏される。

千代田のさくらまつり。「九段の桜」として広く国民に親しまれてきた。

夏

六月二十九日の御創立記念日に一般公募で選ばれた和歌が古式に則って詠み上げられる献詠披講式

8月15日の終戦記念日には多くの人々が参拝する。(平成18年は25万人)

第20回戦没者追悼中央国民集会（平成18年8月15日）

秋

草鹿式《くさじしき》。鎌倉時代さながらの装束をまとい、古式に則って矢を放ち、的のシカを射当てる。

七五三。神様の御加護によりこれまでつつがなく成長したことを感謝し、これからも健やかに育つことを祈願する。

防衛大学校学生による夜間行進。学生有志が横須賀から靖國神社まで約七十キロを歩き、参拝する。

冬

新年祭に供えられた全国各地からの奉納品

正月の神門を飾る大凧と大羽子板。大凧は愛知県田原町の田原凧保存会より、大羽子板は、台東区の原島羽子板店から奉納される。

全国神社奉納絵馬展

大晦日から元旦までボーイスカウトによるかがり火奉仕が続けられる。

新春謡初め（梅若会による舞囃子「弓矢立会」）

明治神宮
靖國神社 献饌講

《「故郷の護國神社」展示》

故郷の作物を故郷出身の英霊に献じたい。遺族崇敬者のこの気持ちは靖國神社、護國神社への沢山のお供え物に表れている。「明治神宮・靖國神社献饌講」は神饌を捧げる大きな講組織である。

昭和十七年十二月三十一日、茨城県前渡村の磯崎忠五郎村長、黒澤忠治氏を始めとする同志一行は明治神宮の御神徳を仰ぎ護國の英霊に感謝の真心を捧げたいとの念願から、近郷の篤農家を募り祭典の神饌として鏡餅・鯛・野菜を奉納する「茨城県献饌会」を組織した。爾来終戦前後の食糧事情の悪化する中においても、年間を通じご神前にお供えするお米の奉納は絶やすことなく続けられた。昭和二十二年一月二十三日、名称を「明治神宮・靖國神社献饌講」と改め、初代講元に黒澤忠治氏が就任した。

昭和二十三年には、二年目をむかえた靖國神社「みたままつり」に、郷土民謡「磯節」を奉納し、また十年間に亘り花火を奉納することを誓い、それを実行した。その後も「明治神宮・靖國神社献饌講」からのお米の奉納と鏡餅のお供えは、大東亜戦争終結六十年を過ぎた現在も続けられており、英霊に感謝の真心を捧げたいとの思いが継承されている。

献饌者　茨城県の日立・水戸・大洗・東海・小川・玉里・常陸大宮・中根・那珂湊・那珂・常陸太田・勝田の各地区の篤志農家三千名

大鏡餅調製奉仕は戦時中から続けられている

新年に奉納された鏡餅

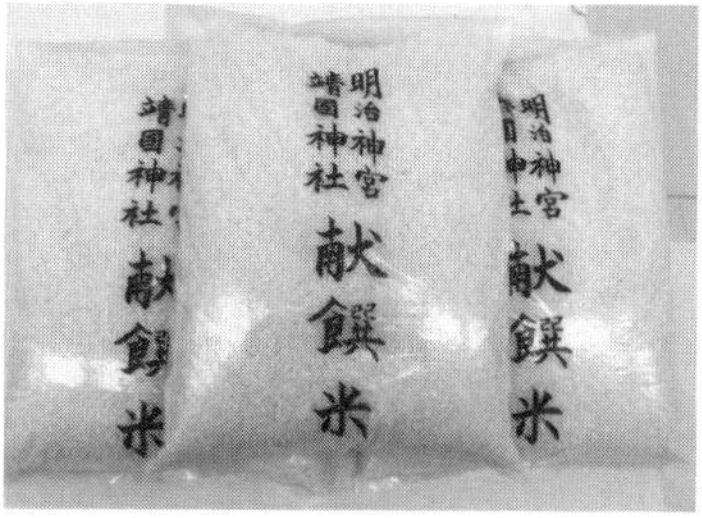

献饌米

故郷の御酒

―全国靖國献酒会、甲東会、恒例奉納会社―

《「故郷の護國神社」展示》

英霊の故郷には必ず故郷の御酒、地酒がある。故郷の人々が精魂籠めて育てたお米と故郷の清水とで丹念に醸造された御酒である。武運長久を祈った氏神様での神酒、出征の宴席での御酒、故郷の御酒と英霊とは切っても切れない。平和な今、英霊の御心に応えようと「全国靖國献酒会」と「甲東会」が組織されている。

「全国靖國献酒会」は、北は北海道から南は沖縄まで、日本酒を中心として、焼酎、ワインを醸造する会社も含め約四百社で組織されている。靖國神社の春秋例大祭、新年祭、みたままつり、良酒醸造祈願祭など祭典ごとに、英霊の故郷の御酒がご神前にお供えされる。

「甲東会」は灘・伏見の酒造会社十一社で組織され、日々斎行される日供祭の神酒、新年の樽酒を奉納する。

その他、ビール、ウィスキー、味噌、醤油などの醸造品が恒例奉納会社より英霊にお供えされる。懐かしい故郷の香りと味に接して英霊のお慶びいかばかりであろうか。

正月に奉納される飾樽

甲東会

沢の鶴株式会社（沢の鶴）
白鶴酒造株式会社（白鶴）
富久娘酒造株式会社（富久娘）
日本盛株式会社（日本盛）
菊正宗酒造株式会社（菊正宗）
大関株式会社（大関）
月桂冠株式会社（月桂冠）
宝酒造株式会社（松竹梅）
辰馬本家酒造株式会社（白鹿）
櫻正宗株式会社（櫻正宗）
小西酒造株式会社（白雪）

恒例奉納会社

アサヒビール株式会社
オリオンビール株式会社
キリンビール株式会社
サッポロビール株式会社
サントリー株式会社
マルキン忠勇株式会社
正田醤油株式会社
ヒゲタ醤油株式会社
株式会社ジャパンビバレッジ
株式会社ちくま食品
アーバンベンディックスネットワーク
日本醸造工業株式会社

全國靖國献酒会

（平成十七年度会員）

北海道 国士無双・黒松高砂　北海男山　金滴　北の誉　北海道ワイン

青森 鳩正宗　黒松桃川

秋田 両関　爛漫　太平山　新政　天寿　八重寿　福禄寿　秀よし　黄金井　日の丸　出羽鶴　竿灯　大納川　春霞

岩手 あさ開　堀の井　酔仙　鷲の尾　世嬉の一　菊の司　吾妻嶺　南部美人　月の輪　岩手川

山形 米鶴　庄内一　東光　羽陽錦爛　紅一点

宮城 天賞　一ノ蔵　雪の松島　澤乃泉　乾坤一　浦霞　森泉

福島 會津ほまれ　大和川　千駒　夢心　清福　末廣　花春　自然郷

茨城 菊乃香　一人娘　京の夢　日乃出鶴　君萬代　一品　花の井　金門　霧筑波　剛烈　久慈の山　武勇　来福　徳正宗　白菊　家久長　酔冨　旭桜　菊盛　松盛

栃木 仙禽　とちあかね　清開　北冠　鳴竜　松の寿　大英勇　藤の盛　千代の白菊　澤姫

群馬 當選　赤城山　群馬泉　船尾瀧　ふじ泉

埼玉 力士　万両　白扇　来陽　寒梅　南陽　帝松　秩父ワイン　晴菊　武蔵鶴　都鷹　天覧山　文楽　慶長

千葉 稲花正宗　梅一輪　仁勇　岩の井　長命泉

東京 金婚正宗　㈱坂口　メルシャン㈱　日本酒類販売　㈱澤乃井　㈱永昌源　協和発酵業㈱　嘉泉　日本酒造組合中央会　日本洋酒酒造組合　日本ワイナリー協会　㈲瑞鷹赤酒東京店　チョーヤ梅酒㈱　丸眞正宗　鳳桜　黒潮椿　福徳長

神奈川 天青　盛升

山梨 笹一　七賢　甲斐男山　養老　五味葡萄酒㈱　百姓ワイン　太冠

静岡 國香　白隠正宗　開運　臥龍梅

愛知 尊皇　神杉　常盤　四君子　清洲桜　四海王

岐阜 篝火　御代桜　奥飛騨　白真弓

長野 麗人　仙醸　ぼたん金蝶　七笑　頼母鶴　金宝芙蓉　中乗さん　眞田六文銭　神渡　舞姫　葡萄棚　碧漪軒

三重 初わらひ　宮の雪　御山杉　伊勢　初波　三重の寒梅

新潟 上善如水　越乃寒梅　根知男山　高千代　今代司　米百俵　白露　初花　清泉　八海山　朝日山　住乃井　妙高山　菊水

富山 立山　銀盤　富美菊

石川 福正宗　加賀鶴　天狗舞　登代正宗　宗玄　白駒

福井 雲乃井　国府司　越の磯　一本義　若狭井

滋賀 滋賀盛　旭日　金紋道灌　浪乃音　金亀

京都 黄桜

大阪 緑一　長龍

兵庫 太陽　名刀正宗　酒豪　剣菱　八重垣　神鷹　龍力　小鼓　香住鶴　岸本吉二商店　富久錦　灘一　扇正宗

奈良 萬醸　柳生錦　黒松稲天　歓喜光　雪園　白提　都姫　五神

和歌山 太平洋　世界一統　紀ノ川　菊御代　日本城　長久

岡山 三光　三冠

広島 賀茂鶴　千福　賀茂泉　富久長　酔心　菱正宗　竹鶴　宝寿　酒将一代　三谷春　深山

山口 旭寿　初紅葉　八千代　金冠黒松　五橋　かほり鶴

島根 金鳳　菊弥栄　開春　豊の秋

鳥取 真壽鏡

香川 綾菊

愛媛 成川郷　二喜多津　御代栄

高知 土佐鶴　司牡丹　酔鯨　菊水

福岡 萬代　冨の寿　花の露　九州菊　初吉野　若の寿　紅乙女　筑紫　天盃　山の寿　いそのさわ　繁桝　清力

佐賀 芙蓉　のんのこ　宮の松　窓の月　東一

大分 八鹿　老松　角の井　西の関　智恵美人　千羽鶴

長崎 山の守　壱岐　青一髪　猿川　潜龍

熊本 千代の園　松の泉　繊月　花の香　球磨焼酎　大石　通潤　房露　美少年の神力　瑞鷹

宮崎 綾錦　霧島　甘露　天照

鹿児島 八幡　田苑　さつま小鶴　奄美　小鹿　黒伊佐錦　伊佐美　海堂　てんからもん　アサヒ　さつま島美人　龍宮　玉露　さつま大海　魔王　吹上　弥生　霧島高原ビール

沖縄 時雨　琉球　龍泉　松藤　久米島の久米仙　まさひろ　与那国　瑞穂　玉友　長寿の邦

上杉雪灯篭まつり

清酒「東光」（醸造元・小嶋総本店）

二月の第二土曜・日曜、米沢では市民を挙げて「上杉雪灯篭まつり」が開催される。今年三十回を数える大きなお祭りであるが、原点は清酒「東光」醸造元㈱小嶋総本店先代社長小嶋彌左衛門氏が仲間と戦歿英霊に思いを馳せて始めた鎮魂の祭である。「国家のために殉じた方々を手厚く葬り、末永く慰霊する事は国家国民の最低限の礼儀であり義務である。私達は毎年雪の多い二月になると新しい雪を集めて雪塔を造り、国のために身命を賭した人々の思いを忘れない様に鎮魂祭を催す」この小嶋氏達の思いの輪は年々拡がっている。

上杉神社境内鎮魂の丘には高さ八メートルに及ぶ「鎮魂の塔」が清らかな真白な雪で造られ、上杉神社宮司を斎主とする「鎮魂祭」が厳粛に斎行される。その祭典では米沢市にみ縁り深き戦歿者の神霊をはじめすべての戦歿英霊を慰霊顕彰申し上げる。この「鎮魂の塔」を中心にした祭場の松岬公園一帯では三百基の雪灯篭と三千個の雪ぼんぼりが中学生、高校生、大学生を含めた市民により制作され、戦歿英霊に「み明かし」が捧げられる。この二日間、雪深い米沢には県内外から十万人の方々が訪れる。

靖國神社献華協會

《「故郷の護國神社」展示》

白梅を戦闘帽にさして進軍する兵隊、女子学生に桜の小枝を贈られて出撃する特攻隊員。「敷島のやまと心を人問はば朝日に匂ふ山ざくら花」（本居宣長）、散るが故に美しく匂う花。故郷でよく見た花に微笑む英霊、初めて見る珍しい花に見とれる英霊。護國の英霊に生花をお供えし、奉慰顕彰の真心を捧げたいと願う組織がある。

「靖國神社献華協會」は、昭和十年から同二十年まで、境内に華席を設け春秋例大祭に生花を奉納したのがその源である。戦後日本中が困窮状態となったとき、神社の近隣を中心に各地で神社を支えるための自主的な講組織が結成されはじめた。そんな中、御祭神に生花をお供えするための「献華靖國講」が結成され、春秋例大祭、新年祭、みたままつり、ひな祭、端午祭に献華奉納が始められた。そして昭和二十七年、現在の「靖國神社献華協會」が設立され、その年の秋季例大祭では百二十一瓶の献華が行われた。昭和二十九年にはガラス戸建具付の華席が新設され、常時献華を実施することとなった。昭和三十四年、靖國神社御創立九十周年全国名流いけばな展が開催され、昭和三十九年にはオリンピック協賛各流家元生花展が開催された。昭和四十四年、靖國神社御創立百年記念にあたり奉祝花展が行われ七十六瓶が出品された。平成十一年十月には靖國神社御創立百三十年を記念し、遊就館に奉納した大型の献華は大変な好評を得、平成十四年の遊就館本館修築、新館新築に際しても大型の生花が奉納され、大いに注目を集めた。

流派を越え御祭神奉慰顕彰のために結束し奉納された生花は、創立から五十年間にわたり実に十万瓶を越しており、その瓶数はいけばな界でも秀でた数である。また設立当初から今日まで継続している会員流派は二十流派近くある。平成十四年の結成五十周年記念式典では、今後も会員結束のもと、心のこもった献華を末永く継承していくことを確認し合っている。

献華

拝殿前の華席

崇敬の誠を捧げて

菊花奉献会

菊花展

昭和三十一年八月八日に九段と神田の靖國講、菊花団体ら関係者八十人が集まり「靖國神社菊花奉献会」を発足させた。毎年例大祭には菊花展を開催し、境内特設の幄舎に靖國神社菊花奉献会加盟の四団体五百名が育てあげた大輪の菊花が赤・白・黄・赤紫と咲き香る。

靖國神社ではこの他、「さくらそう展（四月）」「盆栽展（四月）」「さつき展（五月）」「花菖蒲展（六月）」「あさがお展（七月）」などが開催され、英霊に匂い豊かな草花を捧げている。

さくらそう展

花菖蒲展

あさがお展

献茶崇敬会

献茶式

英霊をお慰めするために、靖國神社では実に多くの人々が心をこめて様々な行事を奉仕・奉納している。昭和三十一年七月十二日、裏千家家元の千宗室宗匠（先代）の発意によって、茶を点てて奉納しようという「靖國神社献茶崇敬会」が発足した。毎年、十月四日には献茶式が拝殿にて厳修される。

大宗匠は、海軍士官として特攻要員になり、待機命令のまま終戦を迎えた。「『一盌のお茶を以て世界文化と交わり、真の平和を創ろう』と理想に燃えた。それが私にとり、靖國の英霊に応える道だった」と崇敬の思いを語っている。

御料わさび田

靖國神社御料山葵圃（長野県安曇野市）

昭和三十一年以降、穂高町遺族会が協議して、穂高町北穂高・宇留賀物治氏所有の山葵圃の一部を靖國神社御料山葵圃と設定した。毎年五月二日、靖國神社より神職二名が出向し、靖國神社山葵圃祭の奉仕をおこなっている。山葵の奉納は穂高町・西穂高・北穂高・有明と各地区の遺族会役員が交互に春・秋例大祭に上京、新鮮な山葵を奉献し、英霊のお心をお慰めしている。

靖國神社春秋例大祭の神饌

春秋例大祭には、海の幸山の幸五十台もの神饌がご神前にお供えされる。献饌講からのお米、鏡餅、献酒会からのお酒、靖國神社御料山葵圃からの山葵を始めとして、鯛、金目鯛、鰹節、鮎、ヤマメ、昆布、若布、海苔、ひじき、大根、キャベツ、トマト、人参、リンゴ、梨、柿、メロン、月餅、落雁などなど、列挙しきれない多くの選りすぐった新鮮なものである。更には煙草、金平糖など戦場の将兵を癒やした品々もお供えされる。

清掃奉仕

奉仕後は揃って参拝

境内での清掃奉仕

清掃奉仕という実体験を通じて、英霊に感謝の誠を捧げようと多くの崇敬者またはそのグループが、境内清掃に勤めている。その活動は様々であるが、思いは一つである。

「靖國神社早朝作務」

当社は昭和三十七年十一月に東京営業所が設立され、最初は水道橋駅清掃を、それからすぐに靖國神社の境内を毎月一回、朝六時半から百人前後で清掃させていただき、今月で五百三十二回を迎えました（平成十九年二月）。

清掃日は毎月二十日に行いますので「二十日会」と称して、当社グループ関連会社が大阪では天満宮、京都では八坂神社、名古屋では愛知縣護國神社、北陸では富山縣護國神社など、全国で同じ共感を抱くもの同士が早朝清掃を行っております。

企業という枠を越えて、集い合って来た縁を大切にしていこうという思いによって受継がれているものです。これからも心よりのご奉仕をさせていただきたく思っております。

第一建築サービス株式会社　総務部　中澤泉一

奉納大相撲

横綱・大関以下総勢200名が参加。毎年6000名が先着順（無料）にて観戦している。

奉納大相撲は靖國神社の神霊を慰める為、明治二年神社創立鎮座祭に初めて三日間行われて以来、例大祭及び臨時大祭には、毎年恒例の行事として行われてきた伝統のある「大相撲」である。明治十年代の鹿鳴館時代には、大相撲は一時野蛮な競技として排斥されたが、靖國神社はこれを保護し「国技」として、今日の発展に一役かった。とくに靖國神社のような観覧席の広い常設相撲場をもっている所は外になく、大正六年十一月に両国の国技館が火災で消失した折の大正七年及び八年の春場所及び五月場所（当時は年二回）は、靖國神社の相撲場を使って本場所を開催したほどである。

奉納大相撲は毎年春に境内相撲場において開催され、当日は、横綱・大関以下総勢二百名もの力士が出場し、終日白熱した取組みを展開する。

奉納芸能

平成17年に44年ぶりに奉納プロレスが開催された

靖國神社では年間を通して崇敬者や各種団体による神霊をお慰めする奉納芸能（舞囃子、演武、箏曲、日本舞踊、詩吟・詩舞など）が催されている。みたままつりにおいては、歌手協会有志による歌謡ショーが催され、参拝者に好評を博している。

古武道

舞囃子

江戸芸かっぽれ

舞楽

「靖國に思う」

長野安恒（声楽家）

私の一年は一月二日の靖國神社能楽堂での奉納演奏から始まります。初めて奉納演奏させていただいた時も、痺れるような寒さの中でした。吹きさらしの能楽堂は、歌手にとって良い条件の場所ではありません。演奏を職業とする歌手ですから、風邪をひいては…と、心配してくださる方もおられます。それでも私は舞台に立ち続けられる限り奉納演奏を続けさせていただこうと思っています。奉納演奏は、靖國神社に鎮まっておられる方々に捧げる為のものです。他のコンサートとは一線を画した特別なものなのです。

私は終戦から三年後に生まれ、民主主義教育の手探り状況のような中で育ちました。「戦争については触れない」「国家を口にすれば全体主義、軍国主義」と言われる状況でした。とは言え、周囲の大人や兄達は戦前戦中の教育を受けていましたから、戦前の気風を理解する事も困難ではありません。そんな私に現在の日本は、かつて私が知っていた日本とあまりにもかけ離れた精神構造の世界と感じられてなりません。全てが変わったと言うわけではありませんが、受け継がれるべき人々の思いに人為的な断絶があるように思えてならないのです。

大東亜戦争は、わずか六十数年前のことです。兵士として従軍された方々も、まだ生きておられます。当時、多くの方々が好むと好まざるとにかかわらず戦地に赴き命をおとされました。その尊い犠牲の上に現在の日本があります。それらの方々に感謝し祈る事は、今生きている者たちの義務と言えるのではないでしょうか。ところが、現在の日本には戦死者や国に感謝する姿勢があまり感じられないように思えます。確かに戦歿者追悼の会は催されています。しかし、参列者以外は無関心で、国をあげてというには程遠いという感じが拭えません。先人たちの思いを無にしてはならない。国に殉じた方々への感謝の気持ちを表したい。そのような思いで、志を同じくする方々と共に、靖國神社での奉納演奏を始めさせていただきました。

「靖國神社での歌の奉納」。この行為に対し、周囲からは驚くべき反応がありました。物事の黒白をあまりはっきりさせず中庸で収める傾向がある日本には珍しく、反応は真二つに分かれました。戦争責任の糾弾と追悼は別のことだと私は思うのですが、反対する方々には、「国の礎になって下さった方達の為に歌いたい」という想いは伝わりません。「靖國」という言葉だけで、「右翼」「国粋主義者」…といった言葉が怒号と共に返ってきました。あまりにも人為的に作り上げられたイメージが一人歩きしているように感じます。

多くの方々が靖國神社での再会を約束し、国に殉じられました。それは先立たれた方々と国が結んだ契約といえるのではないでしょうか。契約は命をかけて遵守するもの、まして、死者との約束を反故にすることがあってはいけません。奉納演奏をしながら気にかかるのは参拝者の高齢化です。若者はなぜ無関心なのでしょうか。靖國神社に祀られている方々は、ご遺族だけではなく、私達全てとかかわりある方々です。そのことに気付かない若者が多い現状は、若者達だけの責任とばかりは言えないでしょう。彼らは靖國神社について、時折マスコミに取り上げられる部分しか知らないのです。大切な日本人の心、靖國の心を積極的に次の世代に伝える努力を続けていきたいと思います。

長野安恒（右）と国民歌劇団

靖國神社の祭典

永代神楽祭

靖國神社は、勅祭社と呼ばれ、御創立以来今日に至るまで大祭等に際し、勅使（天皇の御使者）が差し遣わされて来た、皇室の篤いご崇敬をいただいている御社である。

また、日々神職による奉慰の誠が捧げられ、一日として絶えることなく様々な祭典が幾重にも繰り重ねられて来た。

神社として、最も重要な祭典は春・秋の例大祭である。「春季例大祭」は、毎年四月二十一日から二十三日までの三日間、「秋季例大祭」は、十月十七日から二十日までの四日間に亘って齋行され、これらの祭典には勅使が差し遣わされ、皇族方も親しく御参拝になられる。

また、「みたま祭」は、昔から日本国民の多くが先祖の祭りをする、いわゆる「お盆」にあたる七月十三日から十六日までの四日間執り行われ、奉納された各界名士の揮毫雪洞《ぼんぼり》、遺族・戦友・崇敬者らから奉納された提灯が参道を埋め尽くし、老若男女多く

御羽車

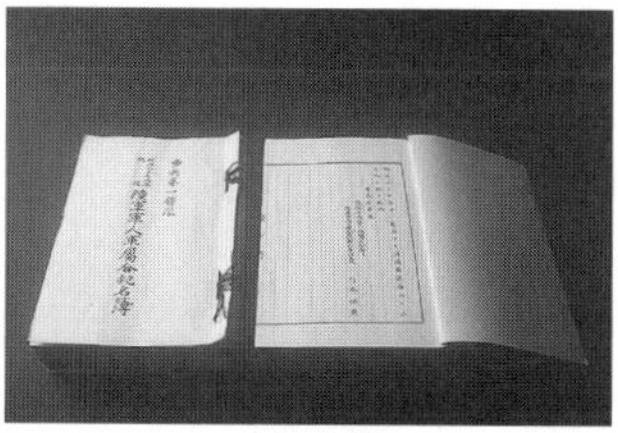

合祀名簿

の参拝者を迎える夏祭りとも言うべきものである。

この外、新年祭、建國記念祭、祈年祭、昭和祭、御創立記念日祭、明治祭、新嘗祭、天皇御誕辰奉祝祭、月次祭（毎月一日、十一日、二十一日）等、年間を通して約六十の恒例の祭典をはじめ、更に毎朝夕の御饌祭を奉仕申し上げている。

或いは、戦友会等からの申し込みにより、慰霊祭も御本殿にて執り行われている。その次第は、修祓、献饌（この間、吹奏楽「山の幸」を奉奏）、祝詞奏上、祭文奏上、玉串拝礼、黙禱（この間、「国の鎮」を奉奏）、撤饌の順である。

また、遺族や戦友の方々からの申し込みにより、お身内等、個々の御祭神の年祭（六十年祭、六十一年祭……）も行われている。

更に、遺族のお申し込みにもとづき、永代に亘り毎年ご命日などゆかりの日に、御祭神のお名前を奏上申し上げ、神楽をお捧げする永代神楽祭も執り行われている。因みに、この祭典で奉奏の神楽は、香淳皇后御歌「やすらかに　ねむれとぞおもふ　君のため　いのちささげし　ますらをのとも」に、元宮内省楽部楽長多忠朝氏が作曲振り付けをした「みたま慰めの舞」である。

遺族の参拝

山内陽子さんは今年で六十九歳になる。昭和十六年、山内さんが三歳のときにお父様（稲垣土岐命、一二三頁参照）は出征され、昭和二十年ビルマにて戦死された。終戦後も安否は不明であったが、家族は帰ってくるものだと思っていた。硬貨に糸をつないで写真の上に持っていき、本人が生きていると硬貨が自然と回るという俗信が流行っていたが、母親が藁にもすがる思いで占っていたのを子供心にも憶えているという。小さい頃に別れたために顔も覚えていない父を、祈るように会いたいと思う日々が続いた。ようやく届いた遺骨箱には、ただ紙切れ一枚が入っていただけだった。

父が戦地から家族に宛てた手紙を保管していると戦犯として逮捕されるという占領下の根も葉もない噂のため、ほとんどの手紙を燃やしてしまった。少しでも父の事を知りたいと思うのに、そのものがなくなってしまったことを、当時は仕方なかったが今では非常に悔しい思いだと語る。ビルマ戦線を題材にした映画がテレビで放映されていたが、父がどれだけつらい思いをしたのかと考えて胸が詰まり、最後まで観ていられなかった。

結婚が決まったとき、相手がどんな人なのかということよりも、東京に行けるということが嬉しかった。それは靖國神社の近くにいられるからだ。靖國神社に行けば父に会える、その思いで参拝を続けてきた。永代神楽祭では、夫が自分の名前で申し込んだために、祭典中は心の中でずっと「申込者は私の夫です。私もここにいます」と念じていたと笑って話してくださった。

病弱だった自分を背負ってまで隣村の病院に連れて行ってくれた母。戦後、母が精一杯育ててくれたからこそ、今の自分がいる。父と母の思いを胸に靖國神社に参拝することが自分にできる親孝行だと、涙を流しながらお気持ちを述べられた。

「今の若い人はもっと自分を大事にして欲しい。それは、国のために犠牲になった人たちがいるからこそ、いまの日本があるということをしっかりと考えることだと思う。これから先の社会がどうなるか、平和が続くかどうかはわからない。しかし、その原点に靖國神社がある。このことを自分の子供も含めて伝え続けていきたい」。

それぞれの遺族に、それぞれの「思い」。そこに共通するのは「やすくにの祈り」である。

山内陽子さん

稲垣土岐命の御遺品前にて

後世に伝える英霊の遺芳

泰緬鉄道 C56型31号機関車（昭和54年に奉納）

明治十五年我が国初の軍事博物館として開館した遊就館は、時にその姿を変えながらも一貫したものがある。近代国家成立のため、我が国の自存自衛のためにと尊い命を捧げられたのが英霊であり、英霊が歩まれた時代を明らかにし、英霊の武勲、御遺徳を顕彰するのが遊就館のもつ使命である。

遊就館では、遺族・戦友会から多くの遺品や記念物のご奉納をうけ、一部を展示させていただいている。来館者に英霊のまごころを伝え、歴史を語り継ぐ史資料として何にも代えがたい貴重な遺芳である。

一例を挙げれば、一階大展示室のヤップ島で発見された艦上爆撃機「彗星」や九七式中戦車、人間魚雷「回天」、戦艦陸奥副砲及び砲弾、精巧な軍艦模型などは、戦友を偲び御事蹟を後世まで讃えるために、戦友・関係者のご芳志により奉納されたものである。

また順路最後の展示コーナー「靖國の神々」では、遺族からご奉納いただいたご祭神の生前の写真や肖像画を展示している。

英霊に捧げた花嫁人形

佐藤武一命に捧げた花嫁人形桜子さん

佐藤武一命は昭和二十年四月十日、沖縄で戦死された。昭和五十七年、八十四歳になった母堂ナミさんは、佐藤武一命に宛てた一通の手紙と共に御神前に花嫁人形を奉納された。その手紙には「武一よ貴男は本当に偉かった。二十三才の若さで家を出て征く時、今度逢う時は靖國神社に来て下さいと雄々しく笑って征った貴男だった。どんなにきびしい苦しい戦いであっただろうか。沖縄の激戦で逝ってしまった貴男。

年老いたこの母には今も二十三才のままの貴男の面影しかありません。日本男子と産れ、妻も娶らず逝ってしまった貴男を想うと涙新たに胸がつまります。今日ここに日本一美しい花嫁の桜子さんを貴男に捧げます。私も八十四才になりましたので、元気で居りましたなら又逢に来ますよ。どうか安らかに眠って下さい。有がとう」と記されている。妻を娶ることなく若くして戦死したわが子のためにと、せめてもの願いが人形に込められている。

皇室と靖國神社

明治天皇の思し召しによって、明治二年六月に創建された靖國神社（当時、招魂社）は、それ以降も皇室から厚い御処遇をうけて今日に至っている。一般に神社ではもっとも大切な祭事を例祭といい、靖國神社では一年に春秋二季の二度、例大祭が行われる。この例大祭に勅祭社である靖國神社には、宮中から勅使が差遣される。天皇陛下の思し召しのほどを神前に告げる「祭文」が奏上され、神霊へのお供えものとして幣帛が奉られる。また行幸や特別の機会に奉納された様々な御幣物は、神宝、社宝として今日に伝えられ、ご歴代の厚い御崇敬のさまがしのばれる。

明治天皇

我國の為をつくせる人々の名もむさし野にとむる玉かき

大正天皇

國のためたふれし人の家人はいかにこの世をすごすなるらむ

昭和天皇

国のためいのちささげし人々をまつれる宮はももとせへたり

今上陛下

国がためあまた逝きしを悼みつつ平らけき世を願ひあゆまむ

勅使参向（平成18年春季例大祭）

三笠宮殿下御参拝（平成18年秋季例大祭）。御参拝後、奉迎の遺族にお言葉をかけられる。

みたままつり

遺族や崇敬者、戦友、一般、各種団体等の方々から奉納される大小提灯30000の献灯が、境内参道の両側に飾り付けられる。

「みたままつり」は、靖國神社がお盆にちなんで戦歿者の「みたま」を慰めるため、戦後の昭和二十二年から始められた。「みたままつり」には、戦歿者の「みたま」にみあかしを捧げ、お慰めする為に、毎年各界名士揮毫の「懸雪洞《かけぼんぼり》」四百灯と、遺族や崇敬者、戦友、一般、各種団体等の方々から奉納される大小提灯三万の献灯が、境内参道の両側に飾り付けられ、光の祭典が繰り広げられる。大村益次郎銅像前では盆踊り大会が催され、能楽堂では日本歌手協会による軍歌や戦時歌謡の奉納はじめ、つのだ☆ひろさんや有志の方々が芸能を捧げる。また、麹町靖國講、芝浜睦会、大妻女子大、近隣の子供たちがそれぞれ神輿振りを奉納する。この期間は夜十時まで開門され、夜遅くまで英霊との交流がなされる。今では東京はもとより、日本の〝夏の風物詩〟として、多くの人々に親しまれ、毎年三十万人の人出で賑わっている。

各界名士揮毫の「懸雪洞」

芝浜睦会による奉納神輿が第一鳥居
から拝殿前までの参道を練り歩く。

千修吹奏楽団により靖国通りを経て
拝殿前までパレードが披露される。

奉納歌謡ショー（日本歌手協会有志）

つのだ☆ひろ奉納特別コンサート

平成18年みたままつり奉納芸能（於　能楽堂）

日	演目	団体
7月13日	詩吟	千代田吟詠友の会
	演芸	演芸和楽会
	奇術	松旭斎若天旭社中
	日本舞踊	花柳美保子社中
	江戸芸かっぽれ	櫻川ぴん助社中
	日本舞踊	黒川琇鳳会社中
	浪曲	日本浪曲協会
	民謡・民舞	日本民謡協会
	歌謡曲	日本歌手協会有志
7月14日	謡曲・仕舞	羞の会
	日本舞踊	藤若会
	奇術	日本奇術会
	詩吟・詩舞・剣舞	なかよし会
	大正琴	錦正流大正琴錦香枝会
	日本舞踊	橘実千代社中
	民謡・民舞	日本郷土民謡協会
	コンサート	つのだ☆ひろ
7月15日	古武道	髙明塾
	歌謡舞踊	全国舞踊協会山菜美穂香社中
	民謡	扇清会
	群読劇	新しい国民劇運動を進める会
	日本舞踊	西崎緑珠社中
	バレエ	総合バレエ研究所
	日本舞踊	花柳寿二郎社中
	日本舞踊	天津龍つ弥社中
	琵琶楽	日本琵琶楽協会
	浪曲	日本浪曲協会
	江戸芸かっぽれ	櫻川ぴん助社中
	津軽三味線	菊水会
	歌謡曲	上原敏の会
	戦記漫談	いか八郎とその仲間たち
7月16日	詩吟	日本吟道奉賛会
	古武道	日本古武道振興会
	古武道	新陰流兵法轉會
	古武道	直心影流百錬会
	琉球舞踊	琉球古典舞踊研究所
	歌謡曲	にっぽんの心を歌う会
	日本舞踊	花柳美千仍社中
	浪曲	日本浪曲協会
	舞楽	佼成雅楽会
	歌謡曲	プロスパー・レオ
	軍歌・唱歌	国民歌劇団有志
	奇術	伊藤夢葉

（参道・拝殿前）

日	演目	団体
7月13日	江戸芸かっぽれ	櫻川ぴん助社中
7月13日	和太鼓	崇教真光
7月13日	ブラスバンドパレード	千修吹奏楽団
7月15日	江戸芸かっぽれ	櫻川ぴん助社中
7月15日	神輿振り	芝濱睦会
7月15日	阿波踊り	北の御門連
7月15日	青森ねぶた	東京ねぶた連合会
7月16日	神輿振り	麹町靖國講
7月16日	神輿振り	大妻女子大学生
7月16日	神輿振り	こどもみこし・山車

靖國講

サンパウロ靖國講より拝殿前に寄贈された灯篭

終戦後未曾有の危機に直面していた靖國神社に対し、御祭神への報恩と慰霊の誠を捧げて神社の維持に協力しようと、昭和二十一年十月十二日に東京・九段靖國講が講元・高松八百吉らの尽力で結成された。その後、靖國講は全国各地で結成され、現在一万八千名の講員がいる。

地元の麹町靖國講は、桜花の季節には境内に「茶店」を設営し、花見にふさわしい甘酒、お団子、おでんなどを参拝者に提供しているのを一例として、各靖國講はそれぞれの地域で靖國神社崇敬奉賛の中心的役割を担っている。

さらには国内ばかりでなく、日系人が多く居住する外国にも靖國講が存在する。「国のために命を捧げ、敵艦隊にぶち当たっていった特攻隊員たち。地球の反対側からは、ただ静観することしか出来なかった。せめて、戦歿者の冥福を祈りたい」。日系人有志は、ブラジル・サンパウロ靖國講を設立した。昭和二十九年のことである。

崇敬奉賛会

御国のために尊い生命を捧げた英霊に感謝と報恩の誠を捧げることの重要さは申すまでもなく、英霊の御遺徳を子々孫々にまで変わることなく顕彰し伝えていくことこそが、太平の世に生きる国民の負うべき使命である。また、今日の荒廃した精神状況に対しても、英霊の克己・献身の事蹟とその精神を知らしめることが、生命の尊厳への認識と、父祖の世代への感謝の心を醸成し、我が国の伝統的道義・道徳心を取り戻す教育的役割を果すものであると確信する。この確信のもと、神社御創立百三十年の前年平成十年、山内豊秋氏を会長とする靖國神社崇敬奉賛会が設立された。

爾来崇敬奉賛会は多くの国民のご協力により、御創立百三十年記念事業への多額の奉賛をはじめ、設立趣旨に基づき、靖國神社に対する奉賛活動、英霊奉慰顕彰事業を活発に施行している。主な行事としては、英霊顕彰に関する千人規模の公開シンポジウム、各界の講師を招いての英霊慰霊顕彰勉強会、青少年健全育成事業「英霊慰霊顕彰の旅」、小野田自然塾キャンプ、歌道講座が催され、幼児、少年少女その親を対象とした「ひなまつり親子の集い」「秋のめぐみ親子の集い」といった楽しい行事も行われている。

英霊慰霊顕彰の旅

第７回公開シンポジウム
「生きるということ」

秋のめぐみ親子の集い

第７回英霊慰霊顕彰勉強会「靖國神社問題をどう解決するか」

小野田自然塾。火の熾《おこ》し方など野外活動の指導を受ける参加者

青年部「あさなぎ」

「あさなぎ」は、靖國神社にお祀りされているご英霊の奉慰顕彰と、ご英霊の御心を次世代に伝えることを目的に、平成十八年二月に発足しました。以来、月に一度を原則として、神社境内の清掃奉仕や皇居勤労奉仕などの奉仕活動、自主勉強会や崇敬奉賛会主催勉強会への参加などによる相互研鑽、みたままつりや八月十五日の境内での崇敬奉賛会会員の募集活動などを基幹として活動を行っております。当初五人の有志が、何か靖國神社のお手伝いをさせて頂きたいと神社に集まったことから始まった「あさなぎ」ですが、現在の会員数は四百名に迫り、今後も意欲ある仲間の参加を待っております。現在、靖國神社を取り巻く様々な問題が世間を騒がせていますが、「あさなぎ」はこれらに惑わされること無く、我々若者にもできること、そして若者だからこそできることは何かを自ら考え、靖國神社を支える次世代となるべく、日々成長して参りたいと思います。

「あさなぎ」部長　長岡正剛

長岡正剛部長

終戦記念日の麦茶接待

第１回勉強会

歌道講座

歴史散策（埼玉・青葉園記念館）

例大祭前の清掃奉仕

第二部

故郷の護國神社

護國神社の概要

《「故郷の護國神社」展示》

各護國神社はそれぞれに歴史がある。同時に靖國神社とともにいくつかの共通項もある。そのおよその共通項は次の通りである。

護國神社、靖國神社は明治の御代になってから創建されたものであるが、その信仰は古来日本人の宗教観、祖先観に根ざした伝統的習俗が基礎としてある。祖先や共同体に尽くした人々を神として祀り、同時にその神は子孫やその共同体を守ってくださるという信仰がそれである。

護國神社に限ると次の通りである。

【護國神社の歴史】

①幕末維新の戦役・国事に殉じた人々を出した各藩では各地に招魂場を設け、その慰霊祭を行った。

②殉国烈士の神霊を篤く祭祀すべきとの明治天皇の聖旨を奉戴し、やがて招魂社として固定する。

③明治七・八年内務省達により官費が支給されるようになり、「官祭招魂社」となる。

④「招魂社は之を護國神社と改称す。昭和十四年四月一日施行（昭和十三年内務省告示）」に基づき、「護國神社」と改称され、内務大臣指定護國神社と指定外護國神社の二種に分類された。指定護國神社は府県社に相当する社格である。本特別展における護國神社は「指定護國神社」である。指定護國神社は一府県一社を原則としていたが、旧幕藩体制当時の藩領の区分・聯隊区等の関係で二社、三

社ある県がある。

⑤大東亜戦争終戦後ミリタリー・シュラインとして占領軍の監視、攻撃を受け、存亡の危機に立たされた。「頌徳神社（千葉縣護國神社）」「櫻山神社（茨城縣護國神社）」の如く「護國神社」という社号さえ変更しなければならなかった苦難の時代を持つ。

⑥神職・遺族・崇敬者は必死の覚悟で御社を守り通し、占領解除後社号は「護國神社」と復称し、国民、県民の崇敬は拡まって行った。

制度上は靖國神社同様「宗教法人」となり国家・公共の手を離れたが、内実は国家の祭祀、公共の祭祀が斎行されている。

【護國神社の招魂合祀】

各護國神社はそれぞれで招魂合祀しており、靖國神社の分霊ということでは決してない。日本人の神霊観、宗教観では神霊は一つではなく、同じ戦歿者の神霊が靖國神社、護國神社、家庭の神棚、祖霊舎と幾つも存在する。

【自衛官合祀】

招魂合祀は各護國神社独自で斎行しており、自衛官・警察官・消防官などの公務殉職者を合祀している護國神社もある。

【護國神社の祭典】

英霊奉慰顕彰の祭典が中心であるが、英霊の願いは国家が平和であり、国民県民が幸せであることであるから、祈年祭（作物の豊穰を祈る）新嘗祭（作物の豊穰を感謝する）等の祭典、また初宮、七五三、合格祈願、厄祓、交通安全祈願等の祈願参拝も行っている。

【全國護國神社會】

旧指定護國神社五十二社は「全國護國神社會」を組織している。起源は存亡の危機にあった昭和二十一年の「指定護國神社の宮司會」である。目的は「靖國神社及び全国の護國神社相互の連絡を緊密にし、祭神の奉斎、祭祀の厳修に万全を期すること」である。靖國神社・各護國神社は緊密な協力関係にあり、かつそれぞれが完全に独立している。

《「故郷の護國神社」展示》

英霊と故郷
—松尾敬宇中佐と熊本県山鹿—

人は自分一人で在るのではなく、神代からの祖先がその身に生きて在り、その祖先は故郷に育てられたわけであるから、自分一身には「故郷」というものが凝縮されていると言える。特殊潜航艇でシドニー湾に突入戦死した松尾中佐には、故郷熊本県山鹿の「尊皇精神」と「菊池魂」とが生きていたのであろう。

その昔、菊池川一帯にたちこめた霧に進路を阻まれた第十二代景行天皇の御巡幸を、山鹿の里人がたいまつをあげてお迎えした。以来、里人たちは天皇を祀り毎年たいまつを献上したという。山鹿灯籠まつりの由来である。

くだって、建武年間菊池武重は足利直義の大軍に対し青竹の先に小刀を縛りつけた槍を武器として戦った。菊池千本槍の由来である。肥後藩士は槍の穂先を短刀に拵えて帯刀することを誇りした。即ち菊池千本槍は、大君のためなら死をも恐れず大義を貫くという「菊池魂」の象徴である。

更にくだって、大東亜戦争時昭和十七年五月三十一日、松尾大尉（当時）を指揮官とする六名は特殊潜航艇三艇に乗組み濠洲シドニー湾に突入した。松尾艇（同乗は飛騨高山出身の都竹正雄二等兵曹）は魚雷攻撃しようとするも発射不能、かくなる上は体当たり攻撃敢行と海面浮上し、松尾大尉は司令塔を開けて敵状偵察、父から譲り受けた「菊池千本槍」をしっかりと握り締め敵艦目がけて急進、あっけにとられていた濠洲海軍もやがて猛然と砲火を集中、航行不能となった艇内で松尾大尉、都竹二等兵曹は自決した。

小型の特殊潜航艇で港内深くまで潜入し、敵に攻撃され、航行不能となるや投降することなしに自決する松尾大尉らの勇敢さに対して、濠洲海軍は交戦中ながらも海軍葬をもって敬意を表した。

時は流れ昭和四十三年、松尾艇が沈んだテーラー湾を訪れた八十三歳の母堂松尾まつ枝は、自宅の庭に咲いていた生花を献じ、菊池神社の神酒を注いだ。

みんなみの勇士の霊に捧げむと心をこめし故郷の花

濠洲海軍の短艇から押し花をまく
母堂まつ枝さん（昭和43年４月）

DVD「平和への誓約」

軍旗と聯隊と故郷と

《「故郷の護國神社」展示》

全陸軍の半数を占める歩兵聯隊と騎兵聯隊の創設に当っては、軍旗親授式が行われ、陸下は一旒の軍旗を親しく聯隊長にお授けになられた。これを拝受し、勅語を賜った聯隊長は「敬《ツツシ》ミテ明勅《メイチョク》ヲ奉ズ臣等死力ヲ竭《ツ》クシテ　誓ツテ国家ヲ保護セン」と奉答するのが常であった。

近衛歩兵第一聯隊以下、昭和二十年八月十五日までに三百九十三旒が親授された。終戦により軍旗は陸軍大臣命令で奉焼された。終戦以前に奉焼、海没した軍旗は二十九旒を数えるが、一旒たりとも敵国の手に委ねていない。

郷土出身の兵隊で構成される聯隊は、栄えある軍旗を捧持し、国家の名誉とともに故郷の名誉をかけて戦った。

出征旗

軍旗を親授された近衛歩兵第5聯隊（昭和15年10月25日）

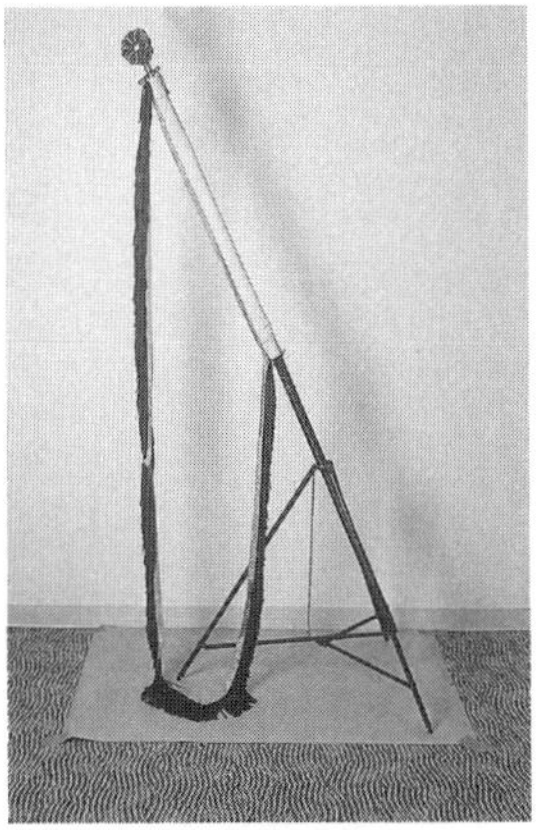

歩兵第57聯隊軍旗（原材を一部使用復元）

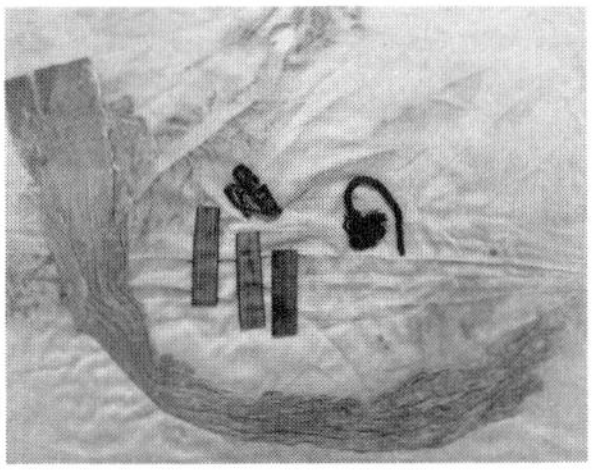

歩兵第79聯隊軍旗

歩兵第七十九聯隊（朝鮮龍山）は、大東亜戦争中、東部ニューギニアにおいて約三年間にわたり、あらゆる苦難に耐え抜いて終戦まで屈しなかった。上の写真は第十八軍第二十師団歩兵第七十九聯隊の軍旗の一部であり、終戦時の軍旗奉焼の際、当時の林田金城聯隊長が秘かにその一部を切取り、軍衣の襟に縫い込んで持ち帰ったものである。

第一師団歩兵第五十七聯隊（千葉県佐倉）の戦歴で特筆すべきは、昭和十九年十一月比島リモン峠の戦闘である。揚陸作業中、Ｂ29の爆撃を受けて同聯隊が乗船してきた輸送船は沈没。積載荷物を焼失されながらもリモン峠付近で米軍との戦闘に参加した。

第一師団からリモン峠の戦場に派遣されていた兵士は約二千五百、戦闘後に残ったのはわずかに九十一名である。

皇室と護國神社

《「故郷の護國神社」展示》

護國神社に対する皇室の御崇敬はまことに忝いものであり、天皇皇后両陛下、皇太子同妃両殿下、皇孫殿下、各宮様よりの御親拝、御参拝を仰ぎ、幣饌料・幣帛料を賜っている。更には福島縣護國神社のように東久邇宮殿下御参拝の御砌、本殿左右に石灯籠を御寄進戴いた護國神社の例、愛媛縣護國神社のように高松宮殿下御参拝の御砌、「護國」の御揮毫を御奉納戴いた護國神社の例も多い。

大東亜戦争終戦幾十年の周年には、全国の護國神社では、天皇陛下より幣帛料を賜り、それぞれ臨時大祭が厳修される。その臨時大祭に幣帛料を賜った御礼言上のために各宮司が相揃って皇居に参内するが、特別の思召しによって天皇陛下より拝謁を賜る。この時天皇陛下より優渥なる御言葉を賜る。

各護國神社説明の天皇陛下御親拝、皇族方御参拝の記録は一部のみである。護國神社への御親拝、御参拝の一例は左の如しである。

（例）宮城縣護國神社

昭和十二年　北白川宮房子大妃殿下御参拝
照宮成子内親王殿下御参拝
賀陽宮邦寿王殿下御参拝

昭和十四年　朝香宮鳩彦王殿下御参拝
昭和十五年　閑院宮載仁親王殿下御参拝
昭和十八年　東久邇宮稔彦王殿下御参拝
昭和二十年　三笠宮殿下御参拝
昭和二十九年　三笠宮殿下御参拝
昭和三十六年　秩父宮妃殿下御参拝
昭和三十八年　天皇皇后両陛下御親拝
　三笠宮妃殿下御参拝
　寛仁親王殿下御参拝
昭和四十六年　高松宮妃殿下御参拝
昭和四十七年　寛仁親王殿下御参拝
　皇太子同妃両殿下御参拝
昭和五十七年　皇孫浩宮親王殿下御参拝
平成二年　寛仁親王殿下御参拝

天皇皇后両陛下御親拝（栃木縣護國神社、平成八年七月二十五日）

《「故郷の護國神社」展示》

絵画「郷土の富士」

各県該当の絵画「郷土の富士」を展示

この絵画は、靖國神社創立百二十年並びに本殿修築竣工を記念して、例年「みたままつり」の懸雪洞の奉納を頂いている榎本清一郎画伯が画家仲間に奉納を呼び掛け、額縁は榎本画伯が昭和十九年に入隊した横須賀普通科練習生時代の戦友に依頼して、平成元年四月と翌年二月に分けて奉納されたものである。

榎本画伯は「故郷の山河に別れを告げ出征され、また戦地にあっては懐かしき山並みに思いを馳せられた英霊をお慰め申し上げたい」と語っている。

護國神社御由緒と郷土の英霊

《「故郷の護國神社」展示》

展示会場（遊就館企画展示室）

［注記］

護國神社御由緒について

・記載のデータは平成十九年二月現在のものである。

・天皇陛下御親拝、皇族方御参拝の記録は一部のみである。

・昭和の御代の、

「天皇皇后両陛下」は「昭和天皇香淳皇后」

「皇太子同妃両殿下」は「今上陛下皇后陛下」である。

英霊顕彰を旨とし、以下を原則とする。

・歴史的仮名遣・現代仮名遣が混じっている場合は歴史的仮名遣に統一する。

・漢字は略字体とする。

・明らかな誤字脱字は訂正する。

・句読点は適宜附する。

北海道護國神社

鎮座地　北海道旭川市花咲町一
御祭神　北海道・樺太出身の神霊　六三一四一柱
例祭日　六月五日、六日　慰霊大祭

明治三十五年五月、旧第七師団長大迫尚敏氏主祭のもと練兵場に小祠を設け、北海道の国事殉難者並びに開拓に殉じた屯田兵の招魂祭典を挙行したのに始まる。日露戦争勃発するや北鎮師団は旅順攻撃、奉天大会戦に参加し、勇名を謳われ、日露戦争後には戦歿英霊が五千柱に至った事から社殿創建の議が興り、明治四十三年、時の第七師団長上原勇作並に北海道長官河島醇氏の発起の下に、道内有志の賛助を得て現所在地に社殿を建築し、盛大な祭典を行った。昭和十四年、官制の改まる処により、「北海道招魂社」から「北海道護國神社」と改称し、全道の英霊の総祀社として名実を兼備するに至った。

大東亜戦争の勃発するや北鎮の将兵は、極北のアッツ島に或は南海の孤島に、或は洋上に、大空に、勇躍征途に上って祖国防衛の任に当り、五万五千柱の尊い生命が祖国に捧げられた。大東亜戦争の終結するや、神社の存立すら危殆に瀕したが、祀職並関係者一命を賭して之を護持し、国家独立回復の後は道民崇敬の至誠澎湃として興った。昭和四十年には社殿の大改築がなされ、平成の御代に至っては旧兵事記念館も平成館として竣工された。

昭和四十三年九月三日　天皇皇后両陛下御親拝

北海道

杉松宏命

大正12年3月27日生
昭和19年5月23日歿
満21歳
陸軍航技技術中尉
ニューギニア・トムにて戦死

杉松宏命の兄秀樹さんは、弟さんのことを次のように回想している。

弟は大正十二年三月二十七日、杉松家の次男として出生しました。母は北海道出身で、伯母に当たる旭川市の久津家に跡継ぎの男子がいない為、物心付かないうちに同家に引取られ、幸福な将来が期待されて居りました。

旭川中学校を経て山梨高等学校へと進み、同校工作機械科を昭和十八年三月に卒業。その後東京市蒲田糀ヶ谷にあった電業社原動機製造所に就職し、ここでの将来を期待されていましたが、兵役猶予が切れた為、帯広市駐屯の第七師団高射砲隊に入営することになりました。

当時戦局正に酷の頃、後方で勤務するもご奉公という近親一族の思いを断って、弟は航空関係を志願し、昭和十八年十一月一日に、仙台陸軍航空学校上野班、田北区隊に入隊したのでした。軍都旭川に育った弟は、人一倍愛国憂国の心が強かったのでしょう。

飛行場では、陸軍の高等練習機が蔵王の山に向って、離着陸を練習していた光景が、今も目に浮びます。

陸軍将校軍帽

出征先の台湾の高雄からは便りが届いていましたが、フィリピンのクラークフィルドの便りを最後に音信は無く、家族はただ武運の長久を願うのみでした。

昭和二十二年、高崎市在住の帰還兵の方から手紙が届き、昭和十九年五月二十三日に北部ニューギニアのトム南方にて、大きな河を渡河西進する隊の指揮中に反転して来た米軍の機銃掃射に遭い、被弾負傷し戦死したと記されていました。その後旭川地方世話部からも、追認的な公報が届きました。

北部ニューギニア、ホーランヂヤ駐屯地を後にし、後退する隊の面倒をよく見ていたとのことです。

わが国を命懸けて守らんとした、若き御祭神の御霊の安かれと思う念、今更に切です。

札幌護國神社

鎮座地　北海道札幌市中央区南十五条西五―一―三
御祭神　北海道五支庁管内（石狩・空知・後志・胆振・日高）出身の神霊　二五五三三柱
例祭日　七月六日　例祭

明治十二年八月、屯田兵司令部に於て有栖川宮熾仁親王題された「屯田兵招魂碑」前にて祭祀を斎行する。明治四十年二月、招魂碑は中島公園に移転され、明治二十七・二十八年の日清戦争の戦傷病歿者を合祀し、明治三十七・三十八年の日露戦争の戦傷病歿者の合祀のためには乃木将軍題した「忠魂碑」が建てられた。大正十一年七月、拝殿を造営して「札幌招魂社」を称することとなったが、神霊は「札幌神社」に奉斎、例祭ごとに拝殿に奉遷して祭典を執行した。昭和八年十一月、現在地に「札幌招魂社」を造営し官幣大社「札幌神社」に奉斎せる神霊を此処に奉還した。昭和十四年四月、内務省指定の「札幌護國神社」となる。終戦により昭和二十一年十二月、「札幌彰徳神社」と改称。昭和二十六年十月、境内社「多賀殿」を奉斎した。昭和三十四年、御創祀八十周年祭を機に「札幌護國神社」に復称した。

昭和四十三年十月、原因不明の火災により社殿炎上、その後、御社殿復興奉賛会を設立し、昭和四十五年八月に社殿が竣工し、遷座祭を執行した。昭和五十四年七月、御創祀百年祭を執行し、記念事業として遺品殿建築・境内整備等を行った。境内にはアッツ島で玉砕された将兵を慰霊顕彰する「アッツ島玉砕雄魂之碑」が建てられている。アリューシャン列島のアッツ島では山崎保代大佐（後中将）以下主として北海道出身者から成る精兵二千五百の将兵が守備していたが、一万五千の米軍を相手に十八日間善戦、昭和十八年五月二十九日山崎大佐を先頭に敵陣地に突撃、玉砕した。

昭和四十七年二月三日　天皇皇后両陛下御親拝

北海道

高橋正夫命

大正11年1月5日生

昭和20年4月12日歿

満23歳

海軍少佐

九州南西海面にて戦死

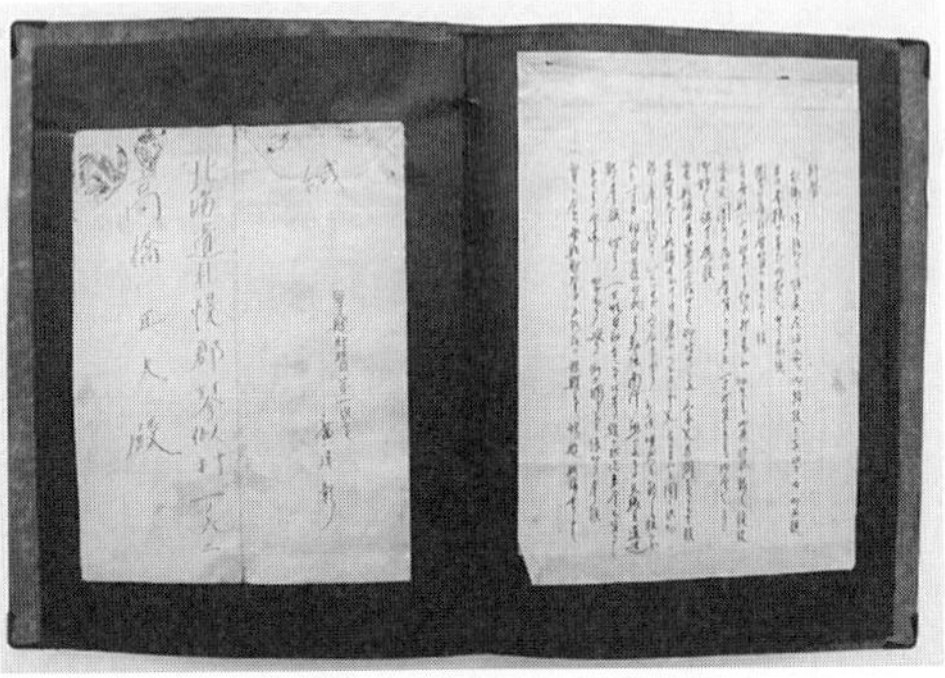

真珠湾攻撃・九軍神のひとりとなった廣尾彰命との往復書簡集

煙草入れ

ライター

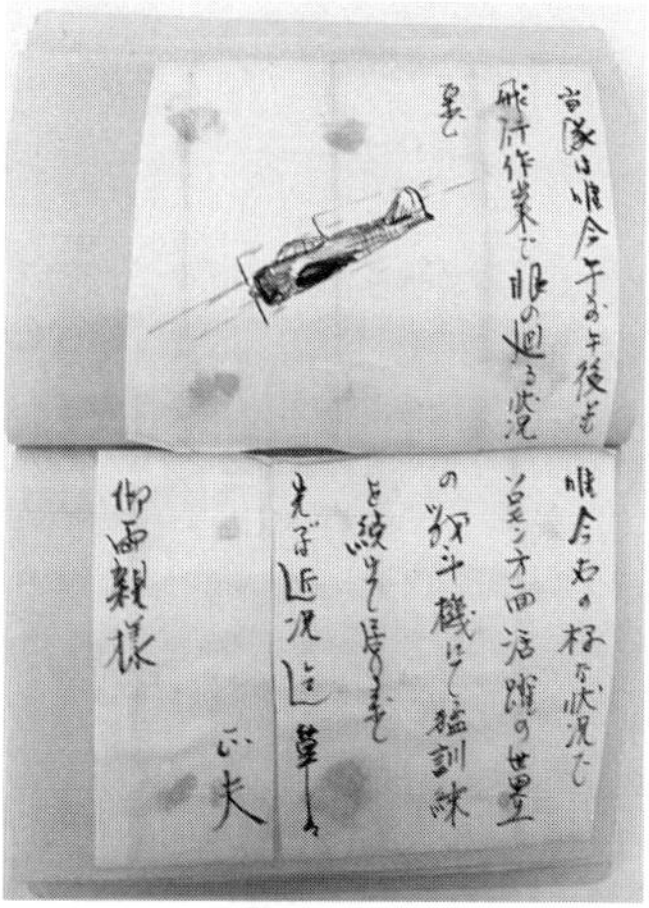

両親宛手紙

当隊は唯今午前午後とも
飛行作業で眼の廻る状況
です。

唯今右の様な状況で
ソロモン方面活躍の世界一
の戦闘機にて猛訓練
を続けて居ります。
先づは近況迄　草々
正夫
御両親様

函館護國神社

鎮座地　北海道函館市青柳町九―一三
御祭神　函館市・渡島支庁・桧山支庁・後志支庁（一部）出身の神霊　一万三千余柱
例祭日　五月十一日　例大祭

明治二年五月十一日に箱館戦争の官軍勝利が決定、五月十八日に五稜郭開城、五月二十一日大森浜で招魂祭を執行。さらに兵部省によって招魂社が創建され、九月五日から三日間盛大な祭典が執行された。その後、招魂社は開拓使に引き継がれ明治七年に「官祭招魂社」となり、昭和十四年には内務大臣指定の「函館護國神社」となった。現在の社殿は昭和十七年に完成し遷座祭を斎行している。昭和二十一年十月、社号を「潮見丘神社」と改称したが、昭和二十九年十一月「函館護國神社」に復称した。昭和二十九年の台風により社殿、社務所、境内樹木が大きな被害を受ける。平成二年十月一日御鎮座百二十年記念事業として社殿の部分修復、社務所改築、神社会館、大鳥居竣工をなした。

社殿は潮見丘の見晴らしのよい場所に鎮座し、箱館戦争の戦歿者を葬る旧官修墳墓（新政府軍墓地）や美談の石と称される高田嘉兵衛の亀石、明治の碑では北海道最古の石碑である「招魂場碑」「戦死者人名碑」がある。

更には童謡「チューリップ」の歌碑、北海道出身阿部慧月の句碑「いわし雲港の景は古りにけり」、函館市民の健康管理に尽くした小児科の名医でもある歌人阿部たつをの歌碑「人恋ひし遠山の雪ほのぼのと春の夕日に茜さす頃」も建立され、英霊をお慰めしている。

昭和三十三年七月七日　皇太子殿下御参拝

北海道

樋口勇作命

大正8年8月18日生
昭和17年8月21日歿
満23歳
陸軍大尉
ガダルカナル島中川下流地区にて戦死

「タンクの演習」

昭和六年九月二十日　尋常小学校六年　樋口勇作

僕は閑院宮様がおいでになった時の青年大会の後でタンクを始めて見ました。（中略）

その珍しいタンクが兵舎の方からがたがた来た時はとてもうれしいやうな愉快な気持ちでした。それが僕達の前へ豆タンクを先に五、六台来ました。僕はそばへ行って豆タンクや大きいタンクにさはって見たりしました。皆鉄でがんぢゃうに造られてありました。上の方には機関銃がすゑつけてあって、すゑつけてある土台が自由自在にうごくので四方八方どしどし撃てます。車には強く丈夫な鉄の輪がかけてあってそれがまはって動くのですから山でも坂でも平気でのぼれます。

（中略）

それから大分たって演習が開始されました。敵は招魂社の方から来ました。始めは遠くでうつ音がしてゐましたが、だんだん進軍してきました。さうして大分近くなりました。すると僕達の方のタンクががたがたとものすごいうなり声を立て、敵地へ向って出陣しました。さうして皆敵地をどこでも平気で土けむりをたてて荒しまはりました。

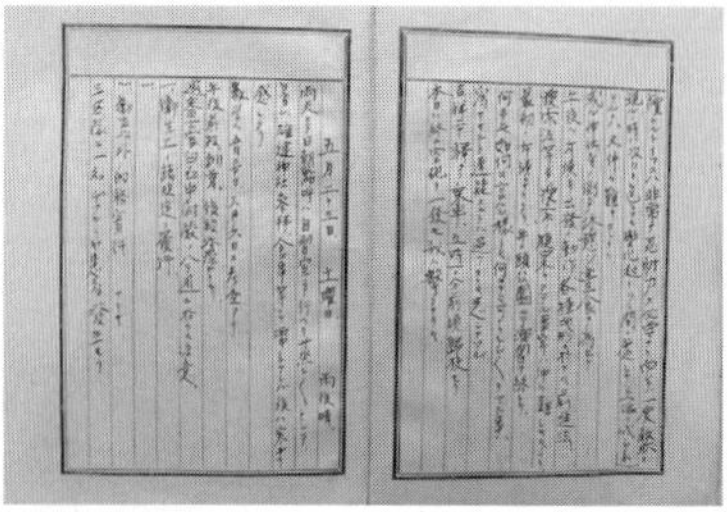

日記帳（陸士時代）

大東亜戦争殉国章（北海道庁より）

すると向うの方からもタンクが来てこちらのタンクと同じやうにあらしまはりました。そのうちに敵味方の間の距離が近くなったのでとっかんが始まりました。するとラッパがなりました。なると皆今やった姿勢のままでゐました。それから整列してばんがうをかけてゐました。僕は今見た演習の最中の時は愉快な勇壮ななんともいへない心持でした。

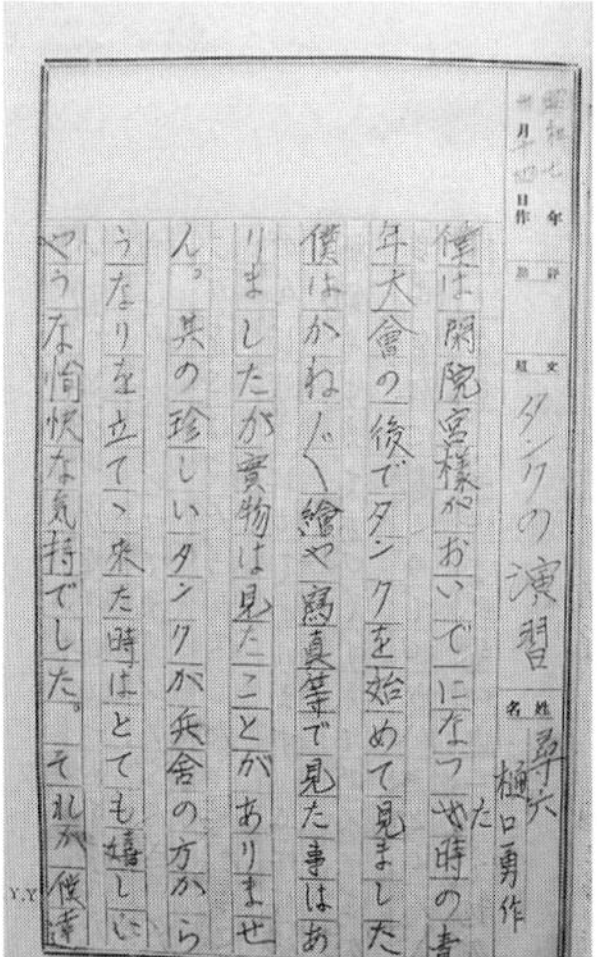
タンクの演習
樋口勇作
僕は閑院宮様がおいでになった時の青年大會の後でタンクを始めて見ました。僕はかねがね繪や寫眞等で見た事はありましたが實物は見たことがありませんでした。其の珍しいタンクが兵舎の方からうなりを立てて来た時はとても嬉しいやうな愉快な気持でした。それが僕達

作文「タンクの演習」

青森縣護國神社

鎮座地　青森県弘前市大字下白銀町一―三
御祭神　青森県出身の神霊　二九一七一柱
例祭日　四月二十八日、二十九日　例大祭

明治二年六月、弘前藩主津軽承昭公が城下宇和野（現・林檎公園）において、箱館戦争等戊辰の役に戦死した藩士六十七柱の慰霊祭を行ったのが始まり。明治三年三月寺ノ沢に十四坪の招魂堂を建て、羽州庄内、奥州南部、松前箱館の役にて戦歿した弘前藩士等の英霊と肥後熊本細川藩士の応援兵、上州灘鬼ヶ崎に海歿した者の諸霊を合祀した。明治二十一年十二月上白銀町に招魂堂を移設し、明治三十二年五月弘前城本丸で慰霊祭を執行。明治四十三年一月弘前公園内に移築し「弘前招魂社」と称した。昭和十一年八月、「青森縣招魂社」と改称し、昭和十四年には内務省令により「青森縣護國神社」と改称、内務大臣の指定護國神社となった。昭和十五年、皇紀二千六百年を記念し社殿・社務所を新築、社頭整備事業を行った。

境内は津軽家の居城弘前城跡（弘前公園）内にあり、桜の季節には「弘前のさくら」を求めて県内ばかりか県外よりも大勢の参拝者が訪れる。弘前城の桜の歴史は古く、五代藩主津軽信寿公の時代正徳五（一七一五）年、藩主が京都から桜の苗木二十五本を持ち込み城内に植栽したとの記録が残されている。

昭和三十八年五月二十一日　天皇皇后両陛下御親拝
昭和四十一年八月一日　皇太子同妃両殿下御参拝

青森県

藤田鐵彌命

明治42年6月18日生
昭和19年12月18日歿
満35歳
陸軍少佐

中華民国にて戦死

藤田鐵彌命は、青森市駒込の農家の次男として生まれた。勉強好きで五所川原市の県立農業学校に学び、更に盛岡高等農林学校林科を卒業後、青森県庁農務科に勤務していた。その後盛岡において幹部候補生として入隊し、昭和十一年十一月に陸軍少尉に任官、青森県女子附属小学校に訓導として勤務していた美榮さんと結婚をした。

結婚して八ヶ月、昭和十二年七月に支那事変が始まり、十月に工兵第八聯隊に臨時召集令状が届いた。妊娠五ヶ月の夫人は実家の両親に励まされ、学校勤務を続けながら家を守り続け、昭和十三年三月長男誕生、昭和十五年七月には次男が誕生し、藤田少佐は月に一度青森に帰り、子供の成長を見ることをとても楽しみにしていた。

昭和十六年八月、中国黒河省璦琿への出発命令が出される。璦琿は零下四十度の厳寒地で、アムール河を隔ててソ連軍が見える危険な場所であった。それでも、約一年五ヶ月で盛岡に帰り、五年二ヶ月振りに召集解除となった。

青森に戻り県庁勤務、その後青森の造船会社の資材部長となり、仕事に熱中していたが、昭和十八年九月に再び臨時召集令状が届き、昭和十九年十一月に中支派遣となった。

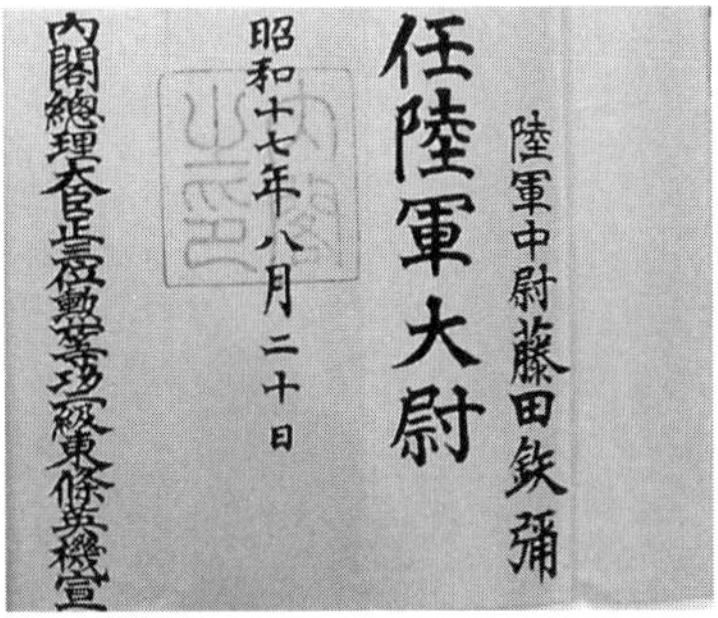
陸軍中尉藤田鉄彌
任陸軍大尉
昭和十七年八月二十日
内閣總理大臣正三位勲一等功二級東條英機宣

官位記（任陸軍大尉）

美榮さんは夫が盛岡を出発する時、「今度は南方かしら、満洲のように一年半位で帰れますか」と尋ねた。すると「今度は長くなるかもしれない。万一の事があっても子供を養うだけの事は政府が見るから心配する事は無い」との覚悟の程を知らされ、この言葉が夫の遺言となった。

昭和二十年のお正月、奥様へ戦死の公報が届けられる。その後小隊長から報告があり、「藤田少佐は中支漢口駅頭でＢ29爆撃機百機の波状攻撃下、トラックに乗って中隊長として陣頭指揮に当り、『全員退避』の号令が最後となった」と知らされた。

秋田縣護國神社

鎮座地　秋田県秋田市寺内大畑五―三
御祭神　秋田県出身の神霊　三七八四一柱
例祭日　四月二十九日　慰霊大祭
　　　　十月二十四日　例大祭

明治元年十月、秋田藩主佐竹義堯公によって高清水丘に工事が起され、太政官より金一千両下付、明治二年八月、創建成り招魂社と称し、戊辰戦役戦歿者の神霊を祀ったことに始まる。以来秋田県出身戦歿者の神霊を合祀鎮斎する。明治三十二年、社殿を千秋公園本丸に建築遷座し、「官祭秋田招魂社」と称した。次いで昭和十四年三月、内務大臣指定の「秋田縣護國神社」と改称、翌十五年に現在地の高清水丘に遷座された。昭和二十二年、配祀神として生成化育、修理固成の神である「伊邪那岐神・伊邪那美神」を鎮祀し、「高清水宮」と改称したが、昭和二十八年には、「秋田縣護國神社」と復称した。平成二年七月九日、心無き者の爆破を受け社殿が全焼したが、多くの御奉賛により平成四年十月、荘厳を誇る現在の社殿が完成した。

鎮座地秋田城跡高清水丘は「千三百年の歴史の丘、緑の広々とした散策の丘、港の見える爽やかな風薫る季節の花に彩られる丘、そして心がなごみ清められる神の坐す丘」と称えられ、県内外の人々に親しまれ敬されている御社である。

昭和四十四年八月二十六日　天皇皇后両陛下御親拝
昭和四十五年十月二十六日　皇太子同妃両殿下御参拝

秋田県

京直衛命

大正6年1月21日生
昭和20年8月17日歿
満28歳
陸軍伍長
満洲吉林省陶家屯駅北方にて
戦死

陸軍伍長・京直衛命の子息直義氏は、お父様の記憶を次のように語っている。

「私が三歳か四歳の頃です。白い布に包まれた箱を首からさげ、母と二人能代駅に降り立ったのを記憶しています。

父がどういう状況で戦死したのか分からなかったのですが、昭和五十年頃でしょうか、父と同じ部隊に居たという福岡市に住む松岡さんという方が家を訪ねて下さり、『もっと早く来なければいけなかったのに』と、侘びを言いながら仏壇の父の遺影に手を合わせて下さいました。

その時の話で初めて分かったことですが、父の所属していた部隊『独立歩兵第七九〇大隊』は満洲吉林省の陶家屯を移動中だったそうです。陶家屯の駅近くまで来た時に、日本軍とソ連軍とが銃撃戦になり、父はその銃撃戦において戦死し、数多くの遺体は野積みにされ、火葬したそうです」

直義氏は、子供のころ首に下げた箱の中身は何だったのかと疑問に思い、秋田県遺族連合会に問い合わせたところ、時期・場所から考えて「戦死告知書」という一枚の紙が入っていたらしいと、回答を頂いた。

直義氏は、半世紀以上経った現在も遺児は傷跡を引きずる状況である自分自身を省みて、今も世界で起っている戦争のなくなる日が来ることを強く願われている。

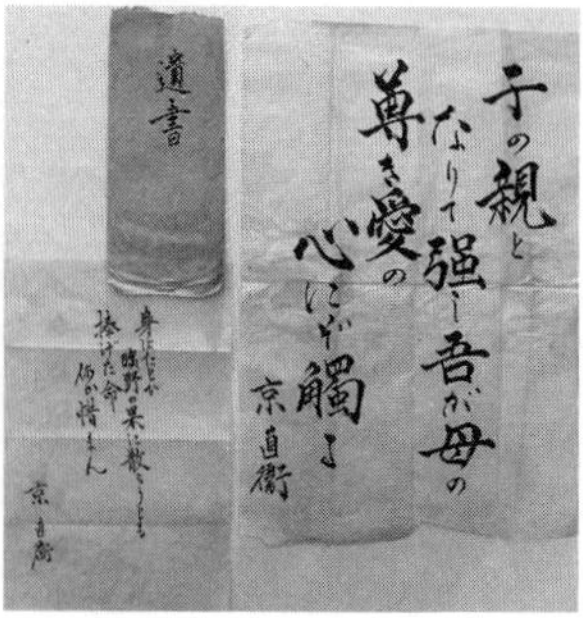

遺書

子の親となりて強し吾が母の
尊き愛の心にぞ触る

身はたとひ曠野の果に散らうとも
捧げた命何か惜しまん

大君に召されて征くや益良男が
草むす屍何か惜しまん

昭和十八年十月

直衛

岩手護國神社

鎮座地　岩手県盛岡市八幡町一三―二
御祭神　岩手県出身の神霊　三五七七八柱
例祭日　五月三日　春季慰霊大祭

明治天皇の聖旨を奉じ、明治二年十一月、時の藩知事南部利恭が、岩手郡東中野茶畑に社殿を創建して、国事に殉ぜられた勤王の志士、目時隆之進政明命と中島源蔵常明命の二柱の神霊を奉斎し、「招魂社」と称した。明治十四年八月、盛岡内丸公園地（現在県民会館敷地の一部）に社殿造営遷座、明治三十九年十一月、盛岡市志家八幡、盛岡八幡宮境内に社殿造営遷座した（現在笠森稲荷神社鎮座）。昭和十四年四月、内務省指定神社となり「岩手護國神社」と改称し、現在地に社殿造営遷座した。終戦後昭和二十四年三月、占領政策により「岩手神社」と改称したが昭和二十八年四月、「岩手護國神社」と復称した。昭和五十年、終戦三十年に際し大鳥居を建設。昭和六十年、岩手縣戦歿者遺品館を建設し、昭和六十三年には、霊璽簿奉安殿が竣工した。また平成八年には、拝殿向拝の増築と、社務所の改修を行っている。戦歿者遺品館には、岩手県出身将兵の遺品遺書が展示されている。この館を拝観した学生は次のような所感を記した。「国のために命を捧げた方々の遺書や遺品を目の前にしたのは初めてのことであり、その衝撃は、あまりにも大きすぎました。祖先を愛する心、両親への感謝の心、そしてその深さには、ただただ胸打たれました。それらは皆、現代に生きる若者たちが失いがちなものばかりであり、私たちは、その祖先の方々の姿に教えられることばかりです。今、私が生きているこの日本の国を守るために積み重ねられてきた命の、なんと貴く、なんと重たいことでしょう」。

昭和四十五年十月十三日　天皇皇后両陛下御親拝

岩手県

高橋雅男命

大正12年11月27日生
昭和20年6月22日歿
満21歳
陸軍軍曹

セレベス島にて戦死

高橋雅男命は、高等小学校卒業時に軍人を志し、早稲田中学講義録（通信教育）などで勉学し、昭和十五年の受験で東京陸軍航空学校に入学。太刀洗陸軍飛行学校を経て、台湾、マライ、スマトラ方面に転戦。昭和二十年六月二十二日、空中戦において戦死。

次に、小学校卒業時の作文を記す。

「学校卒業後の方針」

僕も愈々学校を卒業して、社会の一人として活動しなければならなくなった。僕は年来軍人を希望していましたから、其の事を父母に聞くと自分の気の向いている職業につけと言われました。そこで僕は断然軍人にきめ国家の為に働く覚悟です。軍人界に身を投じたからには「軍人に賜わった勅諭」の内容を旨として働き、先生父母国家の恩の何分の一でもお帰しします。

「操縦生徒志願の動機」

生を我が国に受くる者誰が報恩の赤誠なからん。凡そ国家に報ゆるには各々其の長所により軍人に文官に或は商工業に凡百の職業の一を

東京陸軍航空学校
卒業記念アルバム

選択して之に勤労し以って君国の為に尽瘁せざるべからず。吾人は最も軍人に適せるものと信じ、此の際献身的任務を有する操縦に入り一意君国の為報恩の万分の一を尽さんと欲し、飛行家に志願したる所以なり。幸いにして採用の恩命に接せんか粉骨砕身一生を捧げて国家の為に奉仕せん事を期す。一身以って国家に尽さん事は、之より愛国の大いなるものはなきものとす。

「飛行家志願を恩師に報ずる文」

（前略）月日の立つのは早く自分の前途を考えなければならなく申し候。それ故永年志願致し居り候折の陸軍少年航空兵を志望致し居り候。色々難しき試験有と承り居り候共、立派な航空兵となり、而して国家に尽し度候（後略）

山形縣護國神社

鎮座地　山形県山形市薬師町二―八―七五
御祭神　山形県出身の神霊　四〇八四五柱
例祭日　五月十一日　春季例祭
　　　　十一月二日　秋季例祭

明治二年正月、旧薩摩藩大砲長久永竜助以下十名の国事殉難の士慰霊のため創立、社号は特に称することなく毎年二月、九月二十日を例祭日とする。明治八年六月、官祭となり「山形招魂社」と称し毎年九月二十日を例祭日とした。明治十一年九月に南村山郡山形八日町に社殿を造営、その後同二十一年十月、山形市宮町に遷座する。しかし同四十四年五月、山形市大火の際に社殿焼失した。その後仮社殿を造営し、大正二年三月、社殿が再建竣工した。昭和八年三月、「官祭山形縣招魂社」と改称し、昭和九年十月、現在地に社殿を造営竣工し遷座祭を行った。昭和十四年四月、「山形縣護國神社」と改称した。昭和二十二年四月、社名を「千歳宮」と改称したが、昭和二十七年十二月、「山形縣護國神社」と復称する。同五十二年五月、参集所改築竣工、同五十四年五月、参集所増築竣工、平成六年九月、拝殿が改築竣工した。境内には軍人勅諭下賜五十周年記念に建碑された「至誠碑」、光輝ある祖国の歴史と伝統とを尊重して建国の昔をしのび国を愛する国民思想を涵養すると共に、建国の理想にして日本の象徴たる国旗日の丸精神を正しく理解し、新文化国家の建設に邁進、以て祖国日本の繁栄と世界平和の為に寄与せんことを切に念願した「建国記念塔」、そして「顕頌慰霊の塔」がある。この塔は、大東亜戦争において戦歿された英霊の在りし日の陸海空軍人及び看護婦の俤を代表的に表現、浮彫りにしたもので、各戦場よりの霊石霊砂が塔内に収められている。

昭和十一年十月二十一日　秩父宮同妃両殿下御参拝

山形県

高橋常太命

大正9年1月11日生
昭和19年9月26日歿
満24歳
海軍二等兵曹
ソロモン諸島チョイセル島にて戦病死

次兄常太の想い出（弟　四郎）

（前略）次兄常太は舞鶴海兵団に入団後、南方戦の特別陸戦隊として、ソロモン諸島チョイセル島の地に昭和十九年九月二十六日、戦華と消えた。小生と姉道子とは両親を支えて伝八（出生の地）を守ってきた。

男手を戦争に送っての生活は厳しいものであり、毎日が戦いであったと云っても過言ではない。

長兄の伝治は戦地にあって、常に故郷に想いを寄せてくれ、特に小生の将来については再三にわたり軍事ハガキで激励と心配をしてくれた。

次兄常太との生活は、長兄伝治と同じように年令的にも差があり、小生が年少でもあったので一緒に住んでいて余り強い印象は残っていないが、兎に角みんなから信頼され友人が多かったことは事実である。戦争中休暇により二～三日帰郷したときも、朝から晩まで変わるがわる友人が訪問してきて、家族と一緒に談合する時間さえなかったようだ。短い休暇も終り、帰隊するときも両親や姉に対しては再び逢

えることの難しさを匂わせた別れでなかったかと思う。（中略）

次兄常太が死亡してから五十年、次兄は年令二十五歳の若さで戦華に散ったこととなる。一生に一度の青春時代を戦場で過し、凡ゆる苦難に遭遇しながら、呼べどとどかない両親や家族への想いは図りしれない悲しみと無念さにうたれ、筆舌には尽くし難い悲しさであったろう。

妻を娶ることなく一人寂しく消えた次兄常太の心情を思うとき胸が痛くなり、只々天国で安らかに眠ってもらうためにも、写真と可愛い花嫁人形を供えて供養をしてきたところである。

今はただひたすら冥福を祈りながら永代に慰霊することを誓うのみである。

（高橋傅治『高橋常太の勲功を讃える』より抜粋）

宮城縣護國神社

鎮座地　宮城県仙台市青葉区川内一
御祭神　宮城県出身の神霊並に元第二師団管内（福島、新潟、山形の一部）戦歿の神霊　五六〇九一柱
例祭日　四月二十九日から五月一日　春季例祭
十月二十二日から二十三日　秋季例祭

明治維新以降、国難に斃れたる者の忠魂を慰霊するため、明治天皇の聖慮を奉戴し、明治三十七年八月、仙台城（青葉城）本丸址に「招魂社」として創建され、昭和十四年、内務大臣指定「宮城縣護國神社」となった。昭和二十年七月十日、仙台大空襲に際しては、社殿施設全焼したが、戦後復興によって現在の姿になり、今日に至っている。

境内は旧青葉城本丸に一万三千坪余り、本殿は、伊勢神宮第五十九回式年遷宮にあたり、神宮の特別の思召しにより外宮別宮の「風宮」の旧正殿を移築し、昭和三十三年に造営された。

平成七年、大東亜戦争終結五十年記念事業として「鎮魂の泉」が建設され、平成十六年には創立百周年記念奉祝大祭を斎行、数々の境内整備が遺族崇敬者の浄財により行われた。わけても、英霊の遺徳を正しい歴史に沿って展示する「英霊顕彰館」が竣工された。

昭和三十八年五月十八日　天皇皇后両陛下御親拝
昭和四十七年十月十八日　皇太子同妃両殿下御参拝

宮城県

及川典夫命

大正4年10月10日生
昭和20年10月10日歿
満30歳
陸軍上等兵
ソ連・沿海州ポセット地区にて戦病死

（前略）［主人は］旧満洲国間島省にて召集令を受けまして奉公袋を持って琿春《こんしゅん》に旅立ちました。その年終戦となり、ソ連に連行された事は七年後に死亡告知書で知り、告知書が遺骨の代わりになりました。家族は命一つを戴いて、二十一年一月元日夕方主人の実家の故郷にたどりつきまして、遺品は何一つありません。

人柄については高等小学校では通信表全部「甲」で卒業式には総代と指名された由です。青年時代は村の代表で弁論大会に出場して一位二位の決定に審査の時間が掛かった話がある位盛上ったそうです。役場吏員となり出張の時はカバンに「石川啄木の歌集」を入れて居りましたし、当時文学小説を購入して居りました。

召集令を受ける一年前に痔の手術を受けに内地に帰り、都内で入院し、退院して再度渡満した時、在郷軍人の係の人が痔の手術証明書を出すと召集を免除される事もあるからと話されましたが、其の手続きはしませんでした。私は日本人として赤心厚く従容として国を愛した人格を尊敬して居ります。

主人の父親は近衛兵で当時村から一人位だったそうです。此の父親は満洲事変から終戦までに実子二人、娘の夫二人計四人戦死を告知されましたが、その後の両親の実生活を見て、嫁の私はその生き方に尊敬の念を持って居ります。

此の度は父と四歳の時別れた娘と一緒に参らせて戴きます。合掌

平成十二年十月十日

宮城県気仙沼市　及川テルエ　八十三歳

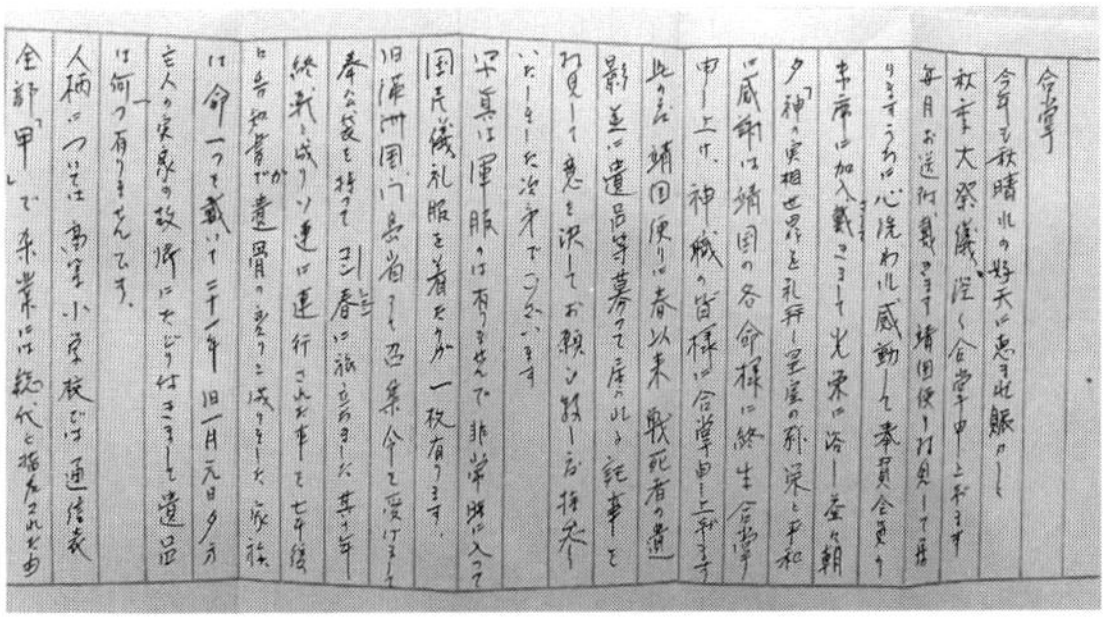

合掌

今年も秋晴れの好天に恵まれ賑々しく

秋季大祭儀、滞く合掌申し上げます

毎月お送り頂きます靖国便りを見て居

りますうちに心洗われ感動して奉賛会員と

本会に加入戴きまして光栄に浴し益々朝

夕「神の実相世界を礼拝し皇室の弥栄と平和

に感謝は靖国の各命様に終生合掌

申し上げ、神職の皆様に合掌申し上げます

此の度 靖国便りに春以来 戦死者の遺

影並に遺品等募って居られる記事を

拝見して意を決してお願い致し居ります

いたしました次才でございます

写真は軍服のは有りませんで非常時に入って

国民儀礼服を着たのが一枚有ります。

旧満州国関東省より召集令を受けまして

奉公袋を持って三月二十日に旅立ちました 其の年

終戦と成りソ連に連行されました事を七年後

に告知書が遺骨の変りに成りました、家族

は命一つを戴いて二十一年旧一月元日夕方

亡人の実家の故郷にたどり付きまして遺品

は何一つ有りませんです。

人柄については高等小学校では通信表

全部「甲」で兵業には総代と指名されたの

夫への想いを綴った手紙

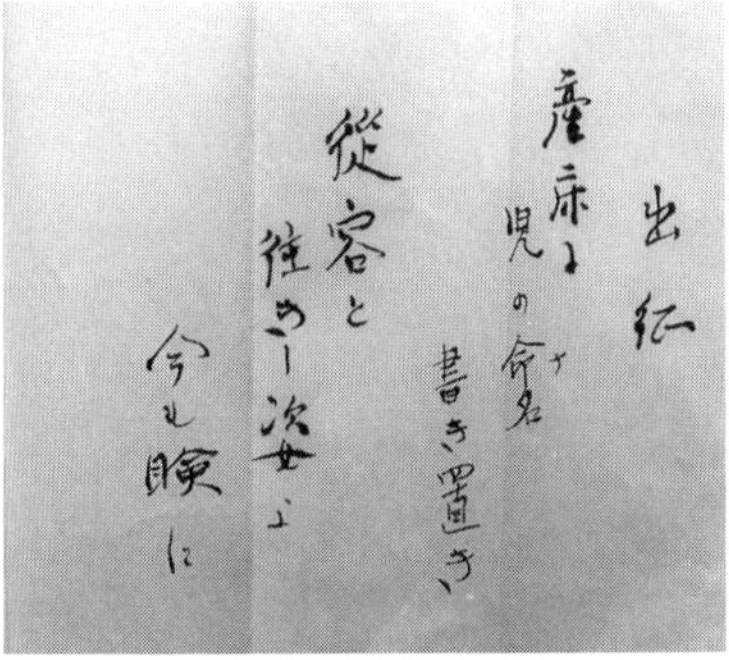

出征

産床に 児の命名 書き置きて

従容と 往きし姿よ 今も瞼に

妻テルエが詠んだ和歌

出　征

産床に

児の命名《ナ》

書き置き

従容と

往きし姿よ

今も瞼に

福島縣護國神社

鎮座地　福島県福島市駒山一
御祭神　福島県出身の神霊　六八五一二柱
例祭日　四月二十三日　春季例大祭
　　　　九月二十三日　秋季例大祭

明治十二年十月、明治天皇の思し召しにより信夫山の地に「招魂社」を造営し、戊辰の役従軍殉国者で若松・相馬・三春の招魂場に祀られていた御霊を合祀、「官祭信夫山招魂社」と称された。社号は後に「官祭福島招魂社」と改称、昭和十二年には現在の社殿が造営され、昭和十四年内務大臣指定の「福島縣護國神社」と改称された。しかし終戦後、GHQの占領下での神社存続を願い、伊勢の神宮（天照大御神）をお祀りし、「大霊神社」と名称を変えた。国家が主権を回復後の昭和二十七年九月、「福島縣護國神社」に復称した。昭和三十五年十月、神社奉賛会が発足。昭和四十七年には初回のみたままつりが斎行され、以後例年恒例行事となる。平成四年六月には大鳥居建替工事が竣工し、また平成七年九月には終戦五十周年記念事業として、社殿屋根銅板葺替完成・社殿内調度品整備・社殿周

囲の玉垣が完成した。

境内には「慰霊之碑」「悠久平和の碑」とともに「殉職救護員慰霊碑」が建てられている。大東亜戦争中、日本赤十字社は三万人もの戦時救護員を国内外に派遣し、一千名以上が殉職された。赤十字の旗のもと博愛と奉職の使命に殉じられた方々の遺徳を偲び、その神霊の永久に安かれと建てられたのが「殉職救護員慰霊碑」である。

昭和十八年六月六日　東久邇宮妃殿下御参拝

福島県

須田守一命

明治43年5月21日生
昭和20年8月9日歿
満35歳
陸軍大尉
満洲鉄道線路付近にて戦死

須田守一命は、現在の東北大学工学部機械科卒業後、幹部候補生そして軍曹となり、軍籍をおきながら東京芝浦電気へ就職した。趣味はアイスホッケー、野球、音楽鑑賞（クラシック）、読書であった。結婚して半年後に支那事変が勃発したが四年半召集はなく、子供が二人も生まれ、弟たち二人を東京に引き取り、無事大学を卒業、就職させて、長男としての役目を果したところであった。

昭和十六年七月十一日、母が福島から召集令状を持って上京。入隊日は昭和十六年七月十四日早朝。慌しい入隊の為、落ち着いて話す間もない出征であった。

ただ夫人へは「二人の子供もでき、私とお前の分をお国へお返しができてよかった。両親の言葉を守って、丈夫に育ててくれ。会社からは本給、軍からもお手当てがある。私は将校だから、いつどうなるか知れぬ。覚悟をして、戦死してもお国に上げたものであるから、泣いたり涙を見せてはならぬ。私は少なくとも部下もあることだから、部下の家族を思って涙など見せるな」と語り、後は特別なことは言わず、千葉習志野に入隊された。

家族は東京で三年帰りを待っていたが、戦局が厳しくなると、須田

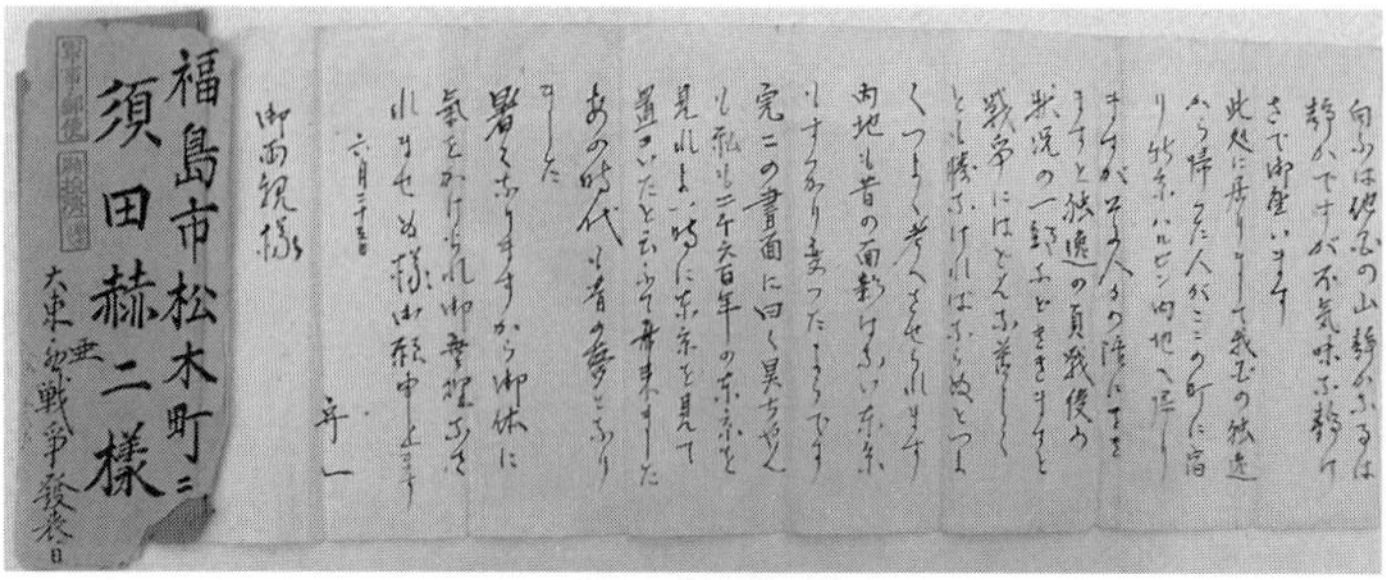

軍事郵便両親宛

守一命の両親から「福島へ子供を連れて来るように。これが守一にとっては一番安心してお国に尽くせる事だから」と言われ福島へ疎開した。須田守一命は大連到着後、満洲から中支と転戦。最後は満洲里、突如侵攻してきたソ連との戦いによって戦死した。

須田家では最後の様子が知りたく、調べたが、玉砕の中のことなので詳しいことは判らなかった。それから十一年の時を経て、北海道在住の部下の方から「ソ連軍の攻撃は厳しく、満洲里八二三高地より猛射を受け、反対側の西側は峻険な山脈が連なり、一兵も残さず戦死せり。鉄道隊長らしく、満鉄線路付近で腰部砲弾破片創により戦死せられました。隊長に間違いはありません」と知らせを受けた。

夫人のスナさんは、「私は戦後子供の教育のため三十五歳からお勤めを二十年し、子供はそれぞれ大学を出て仕事に就き、今は子供たちに守られながら毎日の老後を送っています（合掌）」と語っている。

茨城縣護國神社

鎮座地　茨城県水戸市見川一―二―一
御祭神　茨城県出身の神霊　六三四九四柱
例祭日　四月十日　春季例大祭
　　　　十一月十日　秋季例大祭

　幕末から明治維新にかけて、国のために殉じた水戸藩関係の烈士等千八百余柱の神霊を御祭神として、明治十一年、水戸市「常磐神社」境内に「鎮霊社」として創祀された。その後、西南の役・日清戦争等による茨城県出身の戦歿者の合祀が行われ、広く全県下の戦歿英霊の神霊を奉斎する神社となる。日露戦争・支那事変の戦歿御祭神は日を追うごとに急増し、創建当時の社殿では狭くなり、昭和十六年十一月、「常盤神社」境内の「鎮霊社」からの遷座祭が盛大に斎行され、「茨城縣護國神社」が創建された。終戦後の昭和二十二年八月に「桜山神社」と改称したが、昭和二十九年十月、「茨城縣護國神社」と復称した。戦後も一貫して英霊慰霊顕彰祭祀を厳修し、遺族崇敬者の尊崇厚く、昭和四十年御遷座二十年記念社殿屋根葺替、平成元年参集殿新築、平成六年社務所改築等の境内建物整備、又平成三年には御遷座五十周年記念祭、平成十三年御鎮座六十周年記念祭が斎行されている。

　来たる平成二十年は創祀百三十周年記念にあたり、現在境内整備事業を推進中である。

昭和四十四年十月二十六日　皇太子殿下御参拝
昭和四十九年十月二十日　天皇皇后両陛下御親拝

茨城県

大澤信弘命

大正10年9月18日生
昭和19年10月12日歿
満23歳
海軍中尉
台湾東方海面にて戦死

大澤信弘命は父文次郎、母ちよの長男として水戸市に生まれた。身体は強健、学業は優秀、特に図画は見事であった。麻生中学校に入学し自転車で通学。剣道に精進していた。

昭和十四年四月から往復二十五キロもある柿岡第二小学校に奉職し、教え子に慕われた。昭和十五年四月十日、東京大泉師範学校に入学し、六寮長を始め、食事委員長、雄叫委員長を務め軍事教練には指揮者を務めた。賀陽宮中将の賜閲の際には中隊長として全校の指揮に当った。その得意、感激は絶頂に達し、一目父母に見せたかったとは信弘命の偽らない述懐であった。

大東亜戦争いよいよ熾烈となり、大泉より五人が選ばれて百里航空隊に派遣され軍事訓練を受けた。その折、隊長より泣いて口説かれ学生軍に入る決心をしたという。昭和十八年九月九日に帰宅をし、十三日には三重航空隊へ入隊することという話が家族にあり、鹿島神社にて武運長久を祈願し、九月十三日に入隊をした。

昭和十九年五月五日、突然帰宅し、翌日親戚廻りをし、七日に母と共に市内を散策し常磐公園から母校を眺め「これが故郷の見納めか」と、嘆声を発した時は気丈な母も涙を流したのであった。その後も家

自作水彩画（学生帽）

族は鈴鹿へ面会に行き、その際、土産の「おはぎ」を同僚に分けたところ、「これで死んでもいい」と、とても喜んだという。
昭和十九年五月三十日少尉任官。家族は木更津へ面会に行き、士官室で一日中話す事が出来たが、これが最後の面会となってしまう。
十月某日、三箱の荷物と公報戦歿の状況が届いた。届けられた遺留品には、最期の日まで肌身に着けていた品々、白い手袋の僅かに汚れたのを取り出し、家族一同泣いていた。感謝、感激、手塩にかけた愛児の戦死に両親は「もっと愛情を注いでおけばよかった…。ああして…こうして…やればよかった」と次から次へと涙を流し続けたのであった。

栃木縣護國神社

鎮座地　栃木県宇都宮市陽西町一―三七
御祭神　栃木県出身の神霊　五五三六一柱
例祭日　四月二十八日　例大祭

明治五年十一月、戊辰の役に殉じた旧藩主従三位戸田忠恕公及びその臣下九十七柱の神霊を祀るため、旧宇都宮藩知事（最後の藩主）戸田忠友をはじめ旧藩士・有志の人々により招魂社が創建された。明治八年四月、太政官布達により、「官祭招魂社」となり、明治九年に「官祭宇都宮招魂社」となった。宇都宮招魂社は宇都宮市馬場町字表尾山、即ち二荒山神社に接する高台に鎮座し、その社務も戸田忠友以降、歴代の二荒山神社宮司の職掌で、毎年四月には県の行事として、宇都宮城址で大規模な招魂祭が営まれていた。昭和十四年、内務省令により「栃木縣護國神社」と改称し、更に皇紀二千六百年記念事業として、用地献納や多くの寄付金を受け、市内一の沢町に境内地が造営され、昭和十五年四月遷座した。これが現在の境内地である。大東亜戦争終戦後、昭和二十二年十一月に「彰徳神社」と改称したが、占領解除に伴い昭和二十七年四月に県戦歿者合同慰霊祭臨時大祭が斎行され、昭和二十八年四月には「栃木縣護國神社」と復称した。昭和三十八年十月には神社境内に護國会館を設立した。

遺族会、戦友会、他の護國神社とも合同し、大東亜戦争の激戦地に出向し、懇ろな慰霊顕彰祭を行っている。旧満洲、東部ニューギニア、グアム、サイパン、フィリピン、ミャンマー、シベリア、パラオ、西部ニューギニアと毎年のように現地慰霊祭が斎行されている。更には沖縄県摩文仁が丘に建立されている「栃木の塔」前でも毎年栃木県遺族連合会主催の慰霊祭が奉仕されている。

平成八年七月二十五日　天皇皇后両陛下御親拝

栃木県

鈴木準一命

明治42年9月28日生
昭和20年8月8日歿
満35歳
陸軍大尉
比島リザール州モンタルバンにて戦死

陸軍大尉鈴木準一命は三回の応召があり、戦地からの便り総計二百四通が夫人いとさんのもとに届いており、夫人は子孫に残し置くべく「戦陣便り」と名付け、大学ノート四冊に書き写されていた。

昭和十二年七月、第一回目の応召は北中支へ出征。第二回目の応召は、昭和十六年六月に北満チチハルで警備に従事し、昭和十六年十二月に復員となった。第三回目の応召は弟妹の結婚、父の死去葬儀のあとの昭和十九年七月の出征である。出征地は南方と知らされ、最後の便りは台湾高雄からであった。

東京巣鴨の留守宅は昭和二十年三月十四日夜の大空襲で焼失したが、娘と母の二人は栃木の本家に疎開しており、夫人と妹もリュック一つの身で辿りつき、終戦後は連絡の取れない主人の帰還を待つ生活となった。

昭和二十一年八月、夫人の元に夫が出征前に勤めていた会社の上司から手紙が届いた。それには、本籍留守宅等不明の遺骨が掲載されている八月十五日付毎日新聞の切抜きが入っており、そこに鈴木準一大尉の名前があった。夫人は、この時に夫の戦死を初めて知り、東京の親戚の調べにより、遺骨は芝増上寺に安置されていることが判明し

戦地からの手紙

た。東京地方世話部からの連絡で、八月下旬家族親戚で増上寺に遺骨を引き取った。その後戦死公報を受けて十二月八日葬儀を行い、本家の墓地に仮埋葬された。

夫人は、無事帰還した大隊長鈴木孫三郎氏に会い、戦況報告を聞き、その後鈴木準一命戦歿時に一緒だった佐々木中尉より聞いた詳細は以下の通りである。

「米軍の強烈な攻撃に食糧弾薬無く、野草を食しており、全員戦死を避けるため自分（佐々木中尉）、当番兵二名、亡夫の四名が敵の背後へ深く食糧を求めて斬り込んで行った。二ヶ月振りにありついた芋を食べ、少しずつ体力を回復していった。食物を担いで陣地に帰ろうとしたその日、火を炊いたのが敵に知られ攻撃を受け、近づいてきたら軍刀で戦おうと構えていたところ、一弾が鈴木大尉の頭部を貫通し即死した。自分は、鈴木大尉が身に付けていた成田山のお守袋に歯を抜き収め首に掛け、終戦で捕虜となり持物全部没収され素裸にされ検査された時には、咄嗟にお守袋を脇の下に隠したので、ご遺品（歯・お守袋）を内地に戻すことができた」

群馬縣護國神社

鎮座地　群馬県高崎市乗附町二〇〇〇
御祭神　群馬県出身の神霊　四七二七二柱
例祭日　十月十六日、十七日　例大祭

群馬県では、明治二年、館林藩において同藩遺臣戦歿者三十九柱を祀るために「館林招魂社」を創設。次いで西南戦争戦歿者を奉斎するために明治十二年、前橋市「東照宮」境内に「厩橋招魂社」が創建された。更に明治四十二年、高崎公園内に「英霊殿」が創建され、明治維新以来の県内殉国の英霊の招魂祭が毎年執行されてきた。昭和十四年この祭祀を継承して、「群馬縣護國神社」を造営することとなり、挙県一致のもとに御造営にとりかかった。多額の浄財と延十二万人の勤労奉仕もあり、遥か皇居に向って現在の境内地に社殿を創建、昭和十六年十一月、支那事変に至るまでの神霊を合祀し鎮座祭が執行された。戦後昭和二十二年に「誠霊廟」、昭和二十五年には「上野神社」と改称されたが、昭和二十九年五月、「群馬縣護國神社」と復称した。昭和三十六年十一月、御鎮座二十周年祭並記念事業参集殿落成式を執行。昭和五十七年六月には御鎮座四十周年記念宝物遺品館の竣工祭を斎行。平成三年十一月には御鎮座五十周年祭が斎行され記念事業としての御社殿屋根葺替工事が竣工している。

境内には群馬県出身の英霊を慰霊顕彰する碑の他に、将兵とともに戦った軍馬を称える「軍馬忠魂碑」、現在の平和の礎となられた英霊に感謝し、万国の平和を祈念する「平和の礎」なども建碑されている。

昭和三十七年十一月七日　高松宮殿下御参拝

群馬県

津田春雄命

大正12年1月6日生
昭和20年7月1日歿
満22歳
陸軍少佐
比島レイテ島カンギポットにて戦死

津田春雄命は大正十二年一月六日、東京府板橋町において父薫三郎、母松野の五人兄弟の長男として生まれた。幼少より負けず嫌いで、良く勉強に剣道に打ち込んでいた。

弟の昭三さんは振り返る。

「兄が前橋中学校に在学中に陸軍士官学校に合格し大騒ぎになったことや、士官学校の入学式に出立する日、駅には大勢の同級生が応援歌で門出を祝い、激励を受ける兄をじっと見つめていた母の姿が脳裏に焼き付いている。

兄は陸士卒業後、陸軍将校として任官したが、既に戦局は厳しい状態となっていた。近衛騎兵聯隊士官候補生を経て満洲国孫呉駐屯の第一師団捜索第一聯隊に所属し、その後陸軍機甲整備学校ならびに四平街戦車学校を終了した。

陸軍機甲整備学校（千葉県習志野市）入校のため一時帰国のおり、実家へ寄った。両親始め兄弟が大喜びしたが、その後幾ばくも無く軍から電報が届き孫呉の原隊に復帰するようにと命令があった。原隊に復帰前に、実家へ立ち寄り、慌しく別れを惜しみ前橋駅頭まで送った。その時買った切符を見て驚愕したのは、なんと当時は前橋発朝鮮経由

遺墨

謹しみて
聖寿萬歳
を弥し奉候
御両親様平素
の御恩謝し奉候
三人の孝養を祈る
近親様御近所の
方々の御厚情を
謝し奉候
十八年新年
春雄

→満洲国孫呉行きの通し切符が買えたことである。日本国の威信を実感させられた。しかしこれが家族との最後の別れとなった。

兄は、孫呉からマニラへ転進命令が出たときと思われる最後の手紙を両親と私に宛てている。限られた短い文面は両親への想いと家族への優しい言葉が綴られていたが、転進命令を受け戦局の重大さを感じ、恐らく生きて内地の土を踏めぬと覚悟していたものと考えられる。

昭和二十一年が明けるとともに復員が始まり外地から軍人、軍属の人達の帰国が始まった。母は息子が帰って来るものと信じ切っており、毎日のように帰ったら、これもしてやりたい、美味しいものも食べさせてやりたいと、言い暮していたが、無情にもレイテ島にて戦死との公報が入った。この時の両親の落胆ぶりは本当に可哀想であった」

そして最後に弟の昭三さんは次のように記した。

「現在兄のことを記憶にとどめているのは、両親亡きあと私一人だけである。妹秀子は、兄が存命中にとても可愛がってもらったが、なにぶん幼少であったため殆ど記憶に無いとのことである。優しくも厳しくもあった兄のことを誇りに思い、これからも靖國の社頭に健康の許す限り兄に会いに行こうと思っている」

埼玉縣護國神社

鎮座地　埼玉県さいたま市大宮区高鼻町三―一四九
御祭神　埼玉県出身の神霊　五一一八〇柱
例祭日　四月九日　例大祭

国事に殉ぜられた埼玉県出身の英霊は、それぞれの縁故の地に祀られて、随時随所に神籬を樹て、その祭りが行われていたが、日露戦争以後、英霊の数の増し加わるに及んで、春秋二季に別け、県下慰霊安鎮の祭が行われた。昭和六年、満洲事変が起り、その柱数も二千六百有余柱を数えるに至り、ようやく慰霊顕彰の重きが議せられ、昭和八年、「埼玉縣招魂社」建設の計画が進むに至った。同年九月、県民の総意に基づき、大宮公園の西端奥山の聖地が選定され、昭和九年四月に時の近衛師団長朝香宮殿下を始め陸海将兵県官民数万の参列のもと、盛大なる鎮座祭が行われ、「埼玉縣招魂社」が鎮座設立された。昭和十四年、神社制度の改正や変革により「埼玉縣護國神社」へと改称したが、戦後「埼霊神社」への改称など変遷を経て、昭和二十七年県下崇敬者の総意により、再び「埼玉縣護國神社」と復称し、昭和三十年奉賛会が設立せられ、祭祀を完う、今日に至っている。

境内に連なる大宮公園は「氷川神社」の旧社地で、起伏した丘陵には、若松の緑美しく、立競う雑木は武蔵野の面影を残している。

昭和三十八年九月二十七日　皇太子殿下御参拝
昭和四十二年十月二十三日　天皇皇后両陛下御親拝
平成五年五月十四日　天皇皇后両陛下御親拝

埼玉県

村岡廣命

大正8年12月16日生
昭和20年3月15日歿
満25歳
陸軍伍長
比島ルソン島ヌエバエンバにて戦死

村岡廣命は埼玉県深谷市において、父賀津治、母ぶんの長男として出生。弟四人、妹一人の六人兄弟であった。

村岡家後継ぎとして地元小学校卒業後、埼玉県立熊谷農学校にて農業教育を受け、卒業後は地元青年団のリーダーとして農村振興と銃後の務めをしながら農業経営に専心した。

徴兵令にて第一乙種に合格し、現役兵として中国天津附近の部隊にて教育を受け、昭和十八年十二月満期除隊して家に戻ってきた。昭和十九年十一月、ふたたび召集令状が届き、甲府六三部隊に入隊後、南方戦に行く準備をしていた。

弟武さんは当時中島飛行機会社に勤め東京の新宿に居たため、たびたび面会に出向き、山梨の昇仙峡で色々話したそうで、家族や村の事を心から思う優しいお兄さんを記憶している。

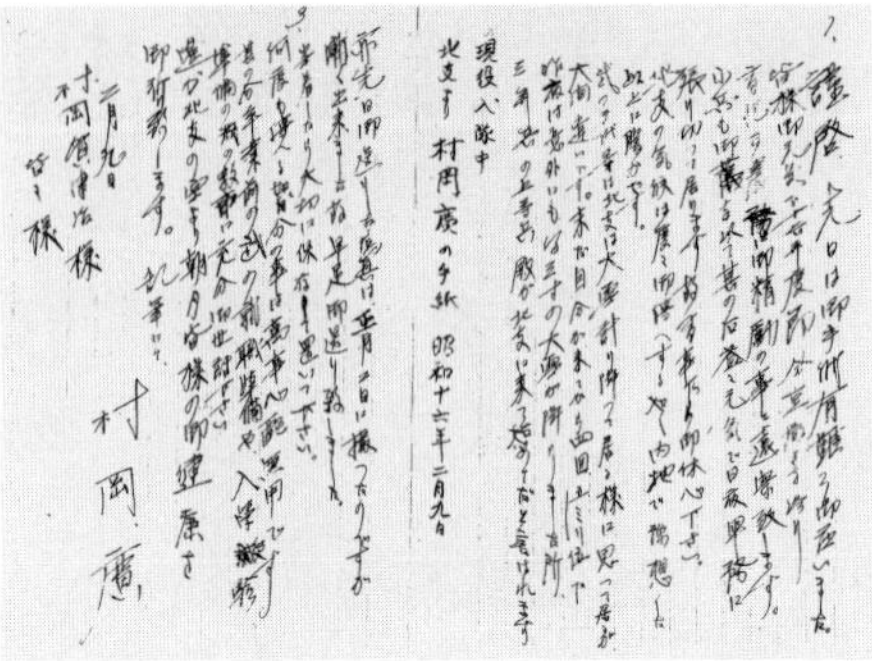

書簡（家族宛）

謹啓　先日は御手紙有難うございました。
皆様御元気で十六年度節分豆撒きを終り、
多忙な農務御精励の事と遠察致します。
小兵も御蔭を以て其の后、益々元気で日夜軍務に
張り切って居ります故他事乍ら御休心下さい。
北支の気候は度々御伝へする如く内地で予想した
以上に暖かです。
武の手紙等は、北支は大雪計り降って居る様に思って居るが、
大間違ひです。未だ自分が来てから四回五ミリ位で、
昨夜は意外にも約三寸の大雪が降りました所、
三年兵の上等兵が北支に来て始めてだと言はれます。（中略）
亦先日御送りした写真は正月二日に撮ったのですが、
漸く出来ました故早速御送り致しました。
到着したら大切に保存して置いて下さい。
何度も伝へる如く自分の事は万事心配無用です。
其の分卒業前の武の就職準備や入学受験
準備の茂の教育に充分御世話下さい。
遥か北支の空より朝夕皆様の御健康を
御祈り致します。乱筆にて

村岡廣

二月九日
村岡賀津治様
皆々様

千葉縣護國神社

鎮座地　千葉県千葉市中央区弁天三―一六―一
御祭神　千葉県出身の神霊　五七八二八柱
例祭日　四月十日　春季例大祭
　　　　十月十日　秋季例大祭

明治天皇の深い思し召しを奉戴し、明治十一年一月、初代県令柴原和が発起となり、一身を捧げて国難に殉ぜられた人々の勲を永く顕彰し、その神霊をお慰め申し上げるため、千葉県庁公園内に「千葉縣招魂社」として創建せられたのに始まり、爾来、社地変更・社号改称等の変遷を経て、昭和四十二年九月に亥鼻山から現境内地に遷座された。更に平成七年六月には御創立百十五年を記念し、社殿等の主要建造物大修復工事を、また平成十七年九月には終戦六十年を記念し大鳥居再建の事業を各々完遂させた。

我が国には、古来祖先を尊びその徳を慕い、その祭祀を絶やさずという美風があるが、肉親に対する切なる思いをお持ちになりながらも、祖国のために尊い命を捧げられた御祭神の御遺徳、御心をお偲びし、子々孫々にわたってお伝えする「永代講」が組織されている。

尚、全国の護國神社のほとんどで、「永代講」「永代神楽祭」「永代命日祭」等名称は異なるが、この永代祭祀の組織がなされている。

昭和四十八年十月十三日　天皇皇后両陛下御親拝
昭和四十八年十月二十八日　皇太子同妃両殿下御参拝

千葉県

村井忠雄命

大正7年9月20日生
昭和18年6月29日歿
満24歳
陸軍曹長
千島列島松輪島東方にて戦死

村井忠雄命は陸軍高射砲隊に所属。輸送船の護衛についていたが、アッツ島へ向かう途中に千島列島の松輪島付近にて、敵の襲撃に逢い最期を遂げられた。

生前の村井忠雄命を姪のてるさんは、次のように記憶している。

「幼くして父を亡くした叔父は、母親には人一倍の親孝行者でした。その叔父から、北海道の小樽より小包が届きました。小包は戦死覚悟の上で家族全員に宛てた遺書が毛筆で書かれ、遺髪と遺爪が入っており、『海上でのこととて遺骨はないと思いますのでこれを忠雄として葬ってください』と記されていました。私の父に宛てた内容には、お墓のことまで細かく記されていました。あの日の思いは一生忘れる事が出来ません。

私と叔父との年令差は六歳でしたので、兄妹の様に育ちました。私に宛てた遺書の一部を紹介させて頂きます。

『てるちゃん、年老いた母（私には祖母）を私の代りにお願いします。貴女の花嫁姿を見ることが出来ず残念です。私が少しずつ貯めた金を同封しますので、鏡台を求め花嫁道具の一品として下さい。朝に夕に鏡に向う度に私を思い出して下さい』
　小包には本が入っており、『この本を手本として教養を身につけ、皆様から愛される娘になります様。また夜には空を見上げて下さい。星となって貴女を見守ってます』と記されてもいました。
　私は今でも空の一点を見つめ、一日無事過ごす事の出来ましたことは、叔父さんのご加護のお陰と思い感謝しております」

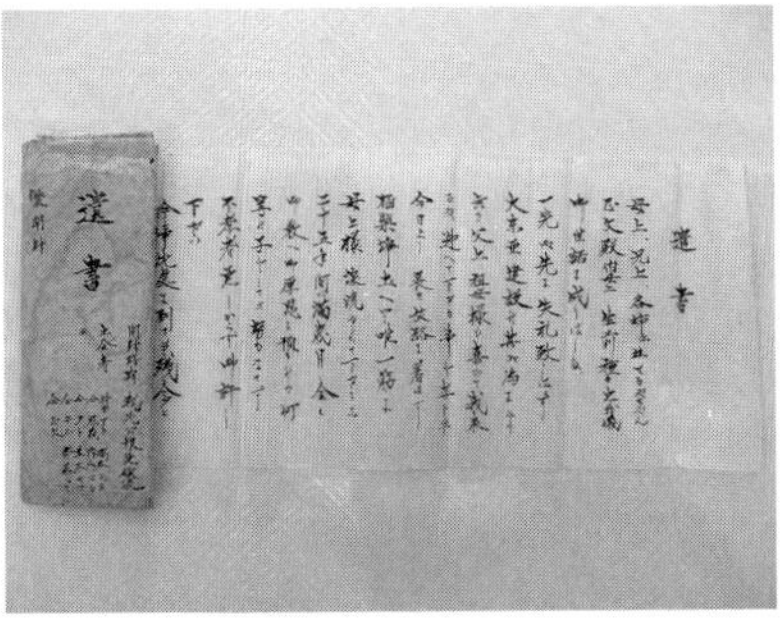

遺書

山梨縣護國神社

鎮座地　山梨県甲府市岩窪町六〇八
御祭神　山梨県出身の神霊　二五〇四〇柱
例祭日　四月五日　春季例大祭
　　　　十月五日　秋季例大祭

明治十二年十二月、山梨県神道事務局の発議によって、明治十年以降国難に殉じた憂国の士の霊を祀るために、甲府市太田町公園隣接地に「招魂社」を建設し、年々盛典を挙行していた。明治四十一年、甲府聯隊創設に伴い太田町遊亀公園内に招魂堂を再建し、慰霊祭を行うこととなった。昭和十四年明治維新以来、純忠国難に殉じた諸勇士の霊奉祀顕彰の気運が起り、山梨縣護國神社創設会が設立された。昭和十六年二月、甲斐の古蹟躑躅ヶ崎の南麓を卜して「護國神社」の創設が許可され、昭和十九年十一月、社殿が創建し内務省告示を以て「山梨縣護國神社」と指定された。昭和二十一年十月、社号を「山梨宮」と改めたが、平和条約発効し日本独立に至り有志間に「山梨宮」の社名変更の議起り、昭和二十七年十一月、「山梨縣護國神社」と復称することになった。時宜に応じて崇敬会、奉賛会が組織され、遺族戦友崇敬者一体となり諸々の英霊顕彰事業を展開、昭和三十九年には、本殿・拝殿以下の大改修が完了。昭和四十九年には「史実資料館」が完工した。この館は愛する祖国、愛する故郷、愛する家族を守るため、尊い生命を捧げられた英霊のまごころを万代に伝えるとともに、英霊の歩まれた時代の歴史の真実を主張するものである。平成七年には、記念第一次境内整備及び舞殿が完工した。境内には「山梨県海軍戦歿者慰霊碑」「予科練之碑」「硫黄島戦歿者慰霊碑」などの他、日本赤十字社山梨県支部の「愛の燈」なども創建されている。又、摂社として「山梨宮」が昭和二十九年に創建されている。

昭和四十七年十月十四日　常陸宮同妃両殿下御参拝

山梨県

乙黒熈命

大正12年2月8日生
昭和20年7月1日歿
満22歳
陸軍兵長
比島レイテ島カンギポットにて戦死

乙黒熈命は大正十二年二月八日、山梨県都留市で父武雄（文部省勤務）、母まち子の兄弟姉妹七人の三男として出生した。小学校の頃より頑張り屋で成績も優秀で、顔もキリリとしており弟妹の自慢の兄だった。

昭和十五年四月から東京青山師範学校に学び、一番の成績で卒業した。師範学校時代には靖國神社で、白衣、ハカマ姿でお札作りの奉仕をしている写真が残っている。

昭和十九年五月、召集令状が届き、番町国民学校で壮行会が行われた。すでに長兄は中支に、次兄は航空飛行機整備の少尉として北海道に出征している。息子三人を戦地に送ることになった母の内心にはつらいものもあったであろうが、召集令状は熈命にとっては本望だったと思うと妹武子さんは回想している。

甲府の歩兵第四九聯隊に入営のために出征し、見送った汽車の窓からの姿が家族にとって最後の別れとなり、七月に満洲北部の北安（ブーアン）に移動し、そこで新兵として厳しい訓練を受け、昭和十九年十一月一日、フィリピン群島のレイテ島オルモックに上陸する。第一師団（玉兵団）、歩兵第四九聯隊（玉五九一五部隊）第二大隊（田村隊）

番町国民学校教員時代（昭和十八年、井之頭公園に遠足）

第五中隊（石塚隊）に所属。

妹武子さんは熙命の御事蹟が分かった時のことを次のように回想している。

戦死の公報も「フィリピン、レイテ島カンギポット山にて戦死」とあり、遺品や遺骨も詳しいことも分からなかった。戦後五十年たった平成六年に『戦記甲府聯隊』という本を知人に見せてもらった時、その中にレイテ戦の事が詳しく書かれていて、五一四頁に斬り込み隊の事が書いてあった。「第一次、第二次の斬り込みは全て失敗している。第三次斬り込みを敢行することになった」その二十名の中に「乙黒熙上等兵（韮崎市藤井村駒井）」の字を見た時の驚き、体の中を衝撃が走った。「昭和十九年十二月十八日の夕方、静かに降る雨の中を消えていき、これらの将兵もついに帰らなかった」と書いてある。当時斬込み隊を見送ったという生還者の一人に聞くと、機関銃隊に援護されて、手榴弾一個（自決用）を持って出て行ったそうです。二日あとの十二月二十日午後五時「戦場離脱転進…」という命令が第一師団に届いたとの事。でも兄は最後まで日本の勝利を願って戦死していったと

応召時に父母義妹と記念写真
（昭和十九年五月十五日）

思う。

平成七年九月、甲府聯隊の生還者と遺族の方々と一緒にレイテ島慰霊巡拝に参加した。リモン北峠の第一師団慰霊碑の前に、日本から持参した兄の塔婆を建て、白米、お酒を供え、兄と私達家族の写真を土に埋めて供養した。遺骨の代わりに、土と石を拾って持ち帰り、兄の眠っている多磨墓地の墓に入れてあげた。帰りの飛行機の中で兄の霊と一緒に日本に帰ろうと心に思って帰国した。老齢の母も「これで戦後も終わった。何も思い残す事はない…」と言って二年後の平成九年四月十九日に九十八歳の生涯を閉じた。

戦後半世紀以上過ぎ、戦争の事を知っている人達も少なくなり、英霊のことも忘れかけている。今の日本の繁栄も、多くの英霊の犠牲の上になりたっているという事を忘れないで欲しいと思う。

静岡縣護國神社

鎮座地　静岡県静岡市葵区柚木三六六
御祭神　静岡県出身の神霊　七六二一九柱
例祭日　十月二十二日、二十三日　例祭

明治三十二年十一月「共祭招魂社」として静岡市北番町に創建され、明治維新以来、国のために命を捧げた神霊をお祀りしてきた。昭和十四年「静岡縣護國神社」と改称。同年から、労力奉仕や献木運動が行われ、昭和十七年、現鎮座地に流造の檜皮葺の社殿がつくられ、遷座祭が執り行われた。終戦により昭和二十一年に「静霊神社」と改称したが、昭和二十八年に「静岡縣護國神社」と復称。平成元年には、御創立九十周年、社名改称五十周年記念大祭を執行して昇殿渡廊を新設。また平成十年には、御鎮座百年奉祝大祭を執行し、社殿補修及び境内整備事業を行った。

境内は三万二千余坪の広さがあり、創建に当り献木された樹木で現在は立派な森林となっている。烈しい戦場で一滴の水を乞い求めながら尊い身命を御国に捧げられた英霊を永久にお慰めする「献水碑」。日本赤十字静岡支部救護員として戦場に散った方々を慰霊し万国の平和を祈る「愛の灯像」。静岡三十四聯隊内に鎮座していた岳南神社の鳥居等々、多くの慰霊顕彰碑・像が建てられている。

昭和三十二年十月二十五日　天皇皇后両陛下御親拝

静岡県

山下滯命

大正11年5月4日生
昭和19年12月7日歿
満22歳
陸軍中尉
マリアナ諸島サイパンにて戦死

兄の想い出（弟　士朗）

山下家は祖父が一旗挙げようと朝鮮に渡りました。食糧雑貨商を営む父静雄、母さくの男六人、女二人の八人兄弟の長男として兄は出生しました。小学校六年生の時に地元の裡里公立農林学校を受験し合格。朝鮮で二校の官立学校の為、朝鮮全道から朝鮮人の村長や国民学校校長の子弟で、身体、学業成績共に優秀な、二、三歳上の子や近隣の内地人（日本人）が在校していたようです。成績は一学年の一学期から一番で、その後五年生まで、毎学期首席で押しとおし、級長拝命を継続していました。昭和十四年、京畿道の水原公立高等農林学校に進学。その後、平壌の軍隊、保定の幹部候補生教育隊、浜松の飛行部隊と進んだのです。

昭和十六年かと思いますが、小生が裡農三年生の夏休み時、帰省した兄と午前二時ごろまで語りあかしたのが、兄と逢った最後でありました。

昭和十九年三月、浜松の飛行部隊に移動時、生家、裡里の家に立寄り、両親、在鮮の親戚、小学校農林学校その他の知人達に会ったとか。

同年八月、母が舞阪の実家に帰省した際、母と逢ったのがこの世での肉親との最後であったようです。そのころ兄は浜松の飛行部隊で若い隊員の教育に当っていたのですが、同年十二月中旬、戦死の公報が家に届いたとの連絡が小生にありました。

昭和二十年三月、父と小生は兄の遺骨と遺品の受領のため、浜松の普済寺で行われた合同慰霊祭に参列。その時、飛行第一一〇戦隊の草刈部隊長にお話を聞くことが出来ました。

十二月五日、第一一〇戦隊は最新鋭の四式重爆撃機「飛龍」八機の編成で出撃し、途中硫黄島に寄り爆装後攻撃地のサイパンに向け出発した。兄は草刈隊の第二中隊長機の後座機関砲の射手として搭乗。第二中隊長機は確実にサイパン島のアスリート飛行場附近に自爆を確認したとの事でした。生還は草刈隊長機と他の一機の二機のみであったそうです。

白木の箱の中には、将校バンドが一つだけで、遺髪と爪は母方の親戚の家に残されてありました。遺品は軍帽、軍服、長靴、軍刀、それに一着分の軍服等は次兄に譲ると遺書に記されており、死すること覚悟の上で、ただ国の為に散華したものと思います。

最後にもう一通の遺書の中の和歌を書いておきます。

君が為何か惜しまん若桜
　永久に香し　武士の道

愛知縣護國神社

鎮座地　愛知県名古屋市中区三の丸一―七―三
御祭神　愛知県ゆかりの神霊　九万三千余柱
例祭日　四月二十八日から三十日　春のみたま祭
　　　　十月二十八日から三十日　秋のみたま祭

明治二年五月、尾張藩主徳川慶勝侯が戊辰の役に戦死した藩士等二十五柱の神霊を、現在の昭和区川名山にお祀りし「旌忠社」と号けたのが始まりである。その後神社名は明治八年に「招魂社」、明治三十四年に「官祭招魂社」と改称した。大正七年に城北練兵場（現在の北区名城公園）にて社殿を造営し、本殿遷座祭を斎行。昭和十年、現社地にて御社殿竣功本殿遷座祭を斎行した。昭和十四年に内務省令により社号を「愛知縣護國神社」と改称する。昭和二十年三月、空襲により社殿は炎上、仮宮に遷座した。戦後一時社号を「愛知神社」と称したが、昭和三十年に「愛知縣護國神社」に復称。昭和三十三年十一月、社殿復興本殿遷座祭を斎行した。昭和五十七年に社務所竣工、平成十年には神門、舞殿、廻廊が竣工し、御社殿増築工事竣功奉祝大祭を斎行、戦後復興が完了した。

一年を通じて多くの英霊慰霊顕彰の祭典が執行されており、二月三日に近い土曜もしくは日曜日には節分太玉柱祭が斎行される。この祭典は、高さ九・三メートルの杉の真柱に護國の神霊への感謝の誠を託し、これを太玉串として捧げ、英霊の遺訓を体し、また戦後の祖国日本繁栄のため、力を尽くされた先人をも顕彰、世界恒久平和を祈念し、併せて一年の厄を祓う節分行事である。又、八月十五日終戦記念の日には、英霊に故郷の清らかな「お水」を供える「献水祭」なども行われる。

昭和三十七年十月二十六日　天皇皇后両陛下御親拝

愛知県

小笠原嘉明命

大正4年9月10日生
昭和20年4月7日歿
満29歳
海軍工作兵曹長
九州坊ノ岬南方沖合にて戦死

両親への遺言（抜粋）

我れ軍人としての本分を立派に果し神風大和艦上に最期を飾るは我れ無上の誉と深く心に銘記し、笑つて死するものなり。

御両親様、妻愛子は良き嫁になかりしが我の妻で御座居ます。夫婦の契を立て、二世を誓し以上は我と一心同体なりし事は申す迄もないと存じますし、ましてや我は国難に殉じる軍人です。其の家族が軍人の家族らしからぬ事、此の世に多しと承り此に一言遺書を記すものなり。

妻への遺言（抜粋）

我国難に殉ずることあるも徒らに狼狽することなく平素教へたる所に従ひ泣く勿れ。と申しても無理。泣きたくば涙の枯るる迄泣け。涙枯るれば元気に働き自活の道を知れ。働けば悲しさも淋しさも忘れる事出来るなり。

我生前は我家に対しては献身的苦労を致したとは言難し。我に対しては短き縁なれど献身的苦労を致し、善く尽し我に幸福を与へ良く慰め励しくれし事厚く礼を申すが、子は親に三つの大恩有り。此の世に出生せし恩、教育の恩、今日迄育ての恩。我の親は愛子の親なり。我れ此の大恩を御返しせずに行くなれば、我なき後は我れの分と共に良く親に従ひ、孝養を尽す事願ふ。

然れども我なき後は我に少しばかりの義理立てを致し、あたら幸福を逃す勿れ。再婚の道あらば再婚するも可、我家を守りて親に従ふも可。「(戒) 自活の道を開くは良しなれど女子、男子を知りたる者貞操守り難し。男子、女子を知りたる者貞操守り難しと申すゆゑ不義にて家名を汚すなれば誰に遠慮する事なく再婚すべし」子孫有りても我が父母に委託致し再婚すべし。我国民幸福の為に殉ずるものなれば、愛子再び幸福となれば此れ又我の喜びなり。

今や一億打ちて一丸となり、火玉となりて国難にあたる時なり。自己主義者は敵だ、気儘、我儘は許される時ではない。

以上述べたる所なりしが夫として只一つ残念なるは健全なる血統を残さざる事なりしか。我が肉体はたとへ南海の藻屑と消えても、我が精神は永遠にお前の血潮に生るものなりと深く心に銘記せよ

昭和二十年一月

海軍上等工作兵曹　小笠原嘉明

愛子へ

岐阜護國神社

鎮座地　岐阜県岐阜市御手洗三九三
御祭神　岐阜県出身の神霊　三七八一五柱
例祭日　四月十二日　春季例大祭
　　　　十月五日　　秋季例大祭

昭和十四年、内務省令により、明治維新以来の郷土、岐阜県出身の戦歿者の英霊をお祀りするために現在の御手洗の地に創建された。維新の志士及び日清・日露の両戦役から今次大戦に至る三万七千余柱の英霊が鎮まる「岐阜護國神社」は、岐阜の象徴金華山の麓、清流長良川を臨む、山紫水明の地に鎮座している。「岐阜護國神社」の創建にあたっては、県市町村・各職域団体よりの浄財及び勤労奉仕が寄せられ、文字通り岐阜県民全体の「護國神社」として今日に至っている。

境内では四季折々の慰霊行事が催されているが、中でも桜花の季節に催される薪能「鵜篝能」は、明々と照り映える篝火の炎、暗黒の金華山の木々の間にこだまする鼓の音、まさに幽玄の世界である。

昭和三十七年五月二十六日　天皇皇后両陛下御親拝

岐阜県

森國治命

大正10年10月27日生
昭和19年11月20日歿
満23歳
陸軍中尉
レイテ島リモン峠付近にて戦死

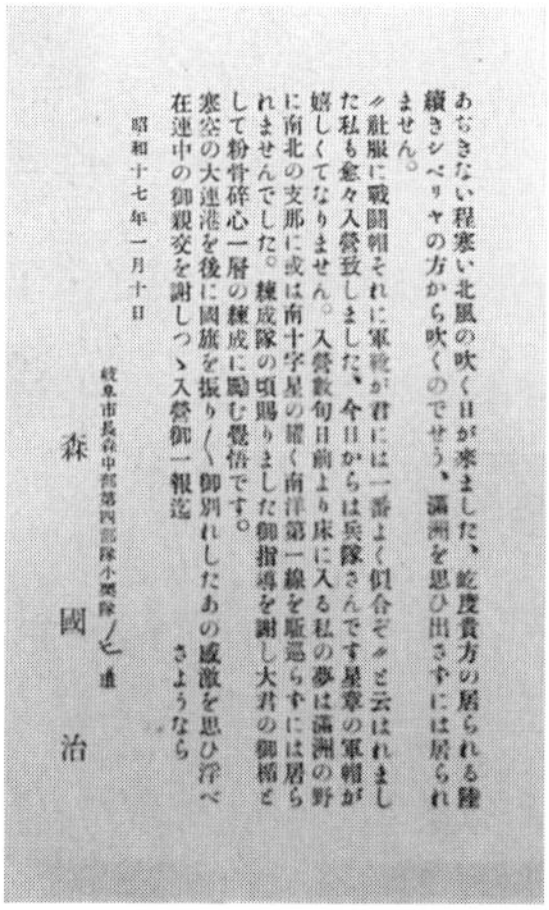

あぢきない程寒い北風の吹く日が来ました、屹度貴方の居られる陸續きシベリヤの方から吹くのでせう、滿洲を思ひ出さずには居られません。
〃社服に戰闘帽それに軍靴が君には一番よく似合ふぞ〃と云はれました私も愈々入營致しました、今日からは兵隊さんです星章の軍帽が嬉しくてなりません。入營數旬日前より床に入る私の夢は滿洲の野に南北の支那に或は南十字星の耀く南洋第一線を驅巡らずには居られませんでした。錬成隊の頃賜りました御指導を謝し大君の御楯として粉骨砕心一層の錬成に勵む覺悟です。
寒空の大連港を後に國旗を振りふり御別れしたあの感激を思ひ浮べ在連中の御親交を謝しつゝ入營御一報迄　さようなら
昭和十七年一月十日
岐阜市長森中部第四部隊小栗隊ノ七班
森　國　治

長沼平八郎宛葉書

あぢきない程寒い北風の吹く日が来ました、屹度貴方の居られる陸続きシベリヤの方から吹くのでせう、満洲を思ひ出さずには居られません。

〃社服に戦闘帽それに軍靴が君には一番よく似合ふぞ〃と云はれました私も愈々入営致しました、今日からは兵隊さんです星章の軍帽が嬉しくてなりません。入営数旬日前より床に入る私の夢は満洲の野に南北の支那に或は南十字星の耀く南洋第一線を駆巡らずには居られませんでした。練成隊の頃賜りました御指導を謝し大君の御楯として粉骨砕身一層の練成に励む覚悟です。

寒空の大連港を後に国旗を振りふり御別れしたあの感激を思ひ浮べ在連中の御親交を謝しつつ入営御一報迄　さようなら

昭和十七年一月十日

岐阜市長森中部第四部隊小栗隊ノ七班

森　國　治

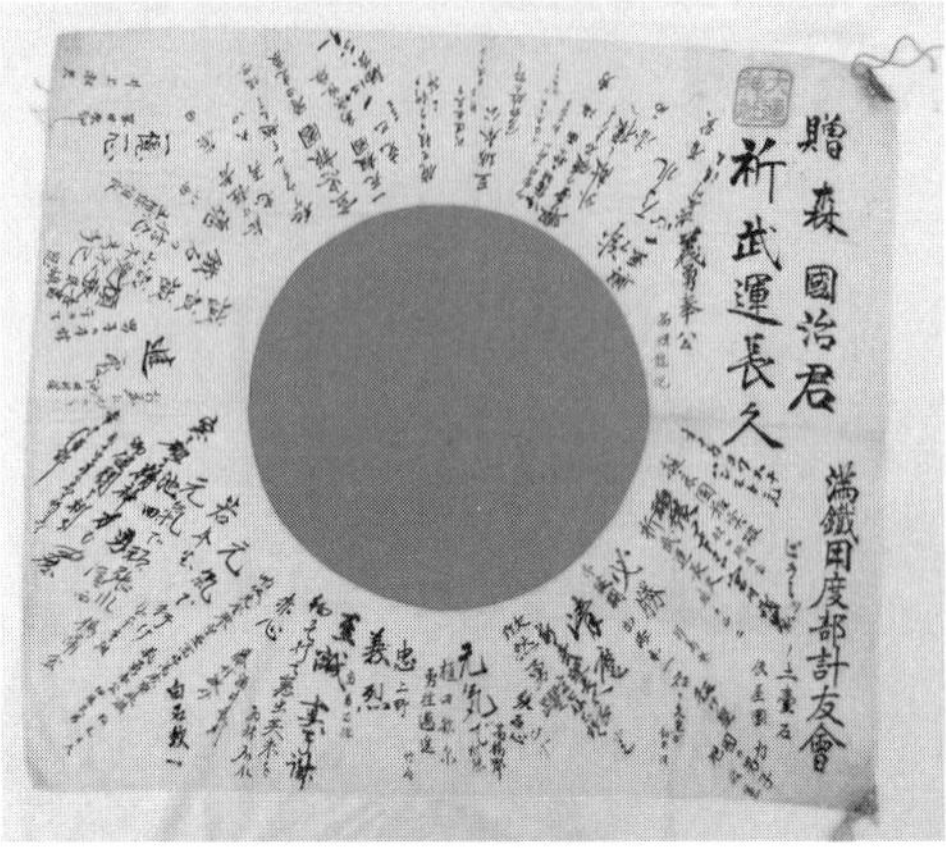

日章旗寄せ書き（満鉄用度部計友会）

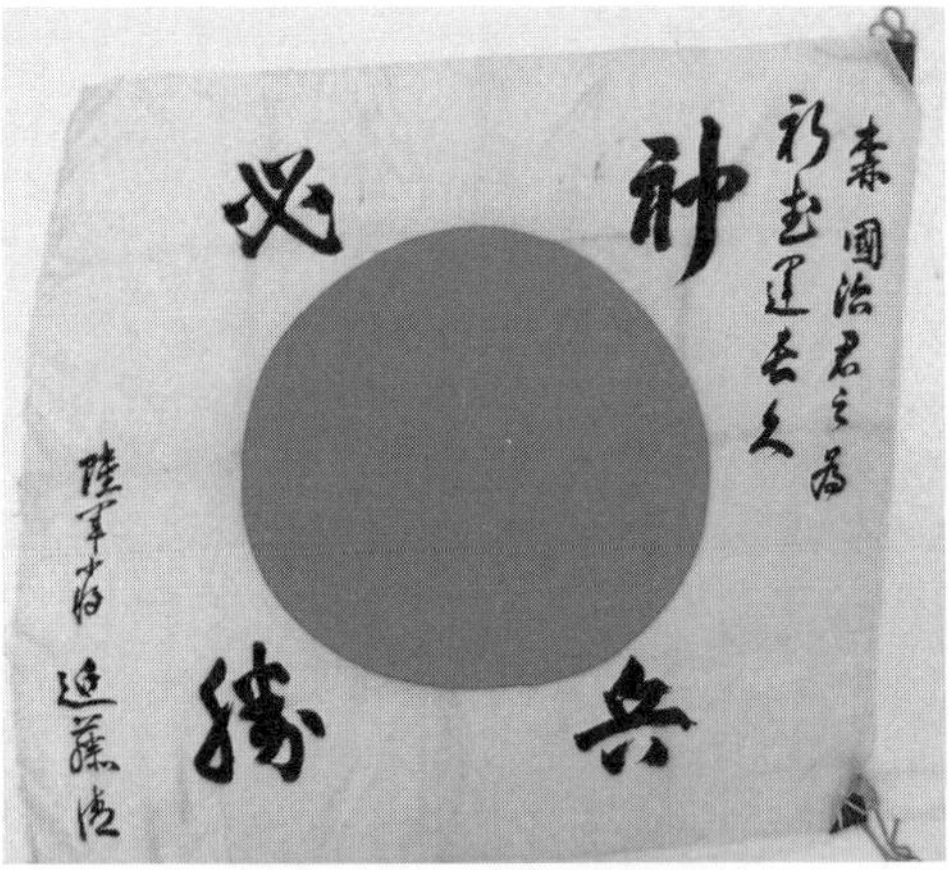

日章旗寄せ書き（近藤清陸軍少将）

濃飛護國神社

鎮座地　岐阜県大垣市郭町二―五五
御祭神　明治二年から昭和十四年迄の岐阜県出身の神霊及び昭和十五年以降の西美濃（二市四郡）出身の神霊
一八九一七柱
例祭日　四月二十二日、二十三日　春季例祭
九月二十二日　秋季例祭

明治二年八月、城下操練場に仮招魂祠を設立し、戊辰東征の役に従軍した大垣藩士軍事奉行佐竹五郎を始め戦歿者の招魂の祭典を初めて行った。明治三年八月、旧城内二ノ丸を以て招魂場と定め、祠宇を創建し祭典を執行した。明治八年「官祭招魂社」と称する。明治二十四年濃尾大震災を蒙り、社殿がことごとく倒壊したため再建計画をたて寄付金を募集。この時内務省より補助金五百円をうけ、明治二十八年に社殿が竣工する。その後、御社の規模小さく感じられるようになり、拡張改築の議が起り県下在郷陸海軍将校一同の奮起となり、招魂社改築期成同盟会を組織して寄付金を募集。明治三十九年工事に着手し、同四十三年に竣成した。昭和十四年四月、内務省指定「濃飛護國神社」と改称する。昭和二十年七月二十九日戦災のため、本殿、拝殿、社務所共に全焼する。戦後社殿の造営の議起り、昭和三十年御造営奉賛会を設立。昭和三十一年四月起工し、同三十三年四月に本殿が竣工、翌三十四年四月幣殿、拝殿が竣工した。その後、昭和四十年には大鳥居、手水舎が奉納された。境内に建碑されている碑の中に「忠魂顕彰之碑」があり、それには「戦さのため若くして異国の地に散られ給ひし御霊の華は郷土の幸を祈りて永久に美しく咲き給ふ」と刻まれている。また、シベリア抑留のような悲惨なことが二度とあってはならないとの平和の誓いが籠められた、大垣西濃地区ダモイ会建立の「恒久平和之碑」もある。
昭和四十年十月二十六日　天皇皇后両陛下御親拝

岐阜県

遠藤正美命

大正7年9月2日生
昭和20年8月7日歿
満26歳
陸軍中佐
広島市中国軍管区司令部にて
戦死

双眼鏡（戸田家九曜紋入）

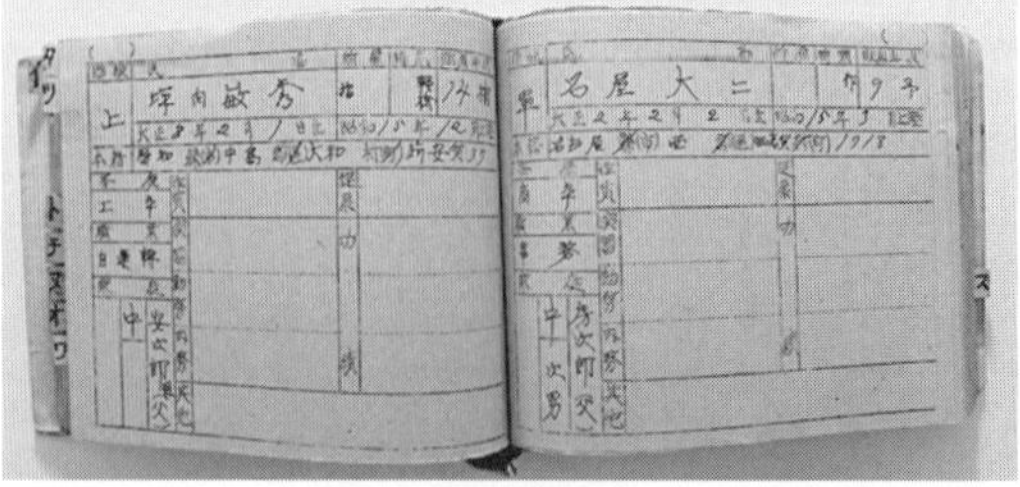

隊員経歴名簿

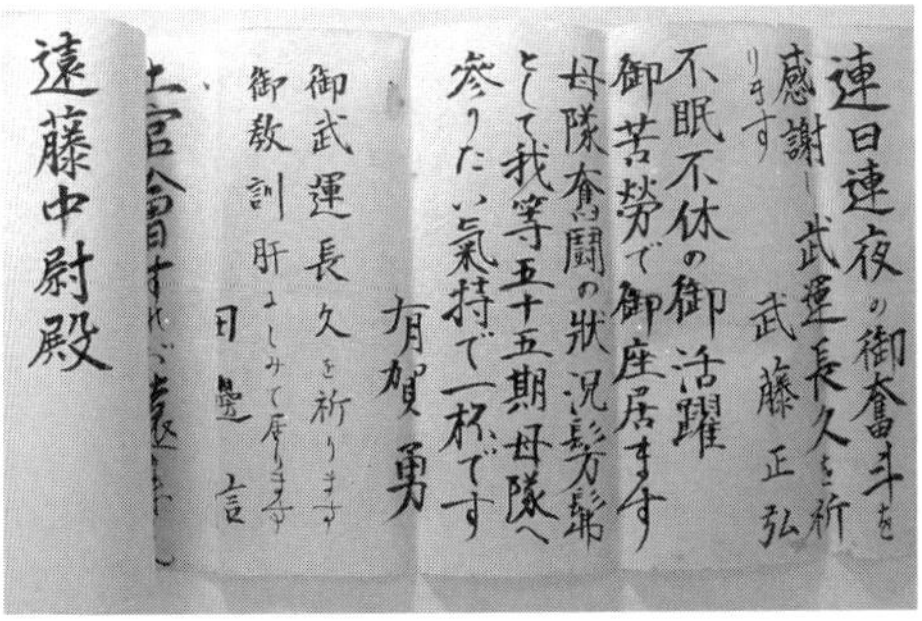

寄せ書き（陸士五十五期生より）

連日連夜の御奮闘を感謝し武運長久を祈ります
武藤正弘

不眠不休の御活躍御苦労で御座居ます
母隊奮闘の状況髣髴として我等五十五期
母隊へ参りたい気持ちで一杯です
有賀　勇

御武運長久を祈ります
御教訓肝にしみて居ります
田邊　信

士官一同大いに張切り三日を以て寒稽古
も終了致し候
御奮闘をお祈り申上げつつ
武
岡本勇作

武勲赫々たる御先輩諸兄の伝統を見事承
け継ぐべく日夜我等第五十五期は本分に
邁進してをります何とぞ御休神下さい
祈御健勝御奮闘
奥野健一

御活躍を謝し遠く軍旗を拝し努力致します
深田　醇

本日于洪屯ノ戦闘を戦史で教はりました
諸先輩の御武功を承けるべく日夜努めつ
つあります　寒気厳たる折柄何卒御健康
に注意下さい
祈武運長久
栗村敬一

目ざましき御奮闘ぶり感謝感激の他あり
ません　一同志気旺盛　本分に邁進して
居ります　去る五日寒稽古納会には中隊
で優勝致し大いに張切って居ります
武運長久をお祈り申上げます　望月仁美

御武運長久益々御清祥の段恐悦至極に存
じ奉り候　相武台上士気旺盛に益々一致
団結本分に邁進する覚悟に御座候
中尉殿の御奮闘を祈り申上げ候
中村光義

遠藤中尉殿

（「寄せ書き」より抜粋）

飛騨護國神社

鎮座地　岐阜県高山市堀端町九〇
御祭神　飛騨三市一村出身の神霊　六四二五柱
例祭日　五月二日、三日　春季慰霊例大祭
　　　　十一月四日、五日　秋季慰霊例大祭

明治十一年九月、西南戦争戦歿者の招魂祭を行い「中教院祖霊殿」に祭祀がはじまる。その後日清、日露両戦役戦歿者を合祀。明治四十二年六月、内務大臣の認可により「飛騨國招魂社」を創設した。昭和十四年四月、「飛騨護國神社」と改称し、同年十一月には本殿が造営された。昭和二十一年、終戦後の処理のため「飛騨神社」と改称するも、昭和三十年九月に社号を再び「飛騨護國神社」と戻した。

鎮座地は現在の高山市城山公園の一部で、市街地の東南隅に位置している。戦国武将・金森長近公の古城跡で、本丸・二の丸・三の丸等の遺跡があり、北麓にある城濠遺蹟の堀池から、神橋を渡った三の丸跡の一帯を「忠孝苑」とよぶ。

境内には天照大神を奉戴する「飛騨大神宮」、飛騨国中の社家の祖霊と、教育文化、自治、医療等に貢献された地域功労者を祀る「祖霊殿」、金山彦神・金山姫神を祀る「黄金神社」、菓子の祖田島守神を祀る「久和司神社」、更には工匠飛騨匠を祀る「飛騨匠神社」が鎮座している。

平成三年一月二十七日　常陸宮同妃両殿下御参拝

岐阜県

稲垣土岐命

明治45年1月15日生
昭和20年7月12日歿
満33歳
陸軍兵長
ビルマ国ペグー山系メザリー東方にて戦死

私のお父さん（娘　山内陽子）

顔も覚えていない、声も分からない、写真の中の父。私が三歳の時に戦争へ行ったそうです。その時の事をかすかに覚えています。母に抱かれた私、沢山の人達、その中で父を見送っていた様なうっすらとした記憶です。そして幾度となく父の夢を見ました。その夢は、「足音が聞こえる！　早く顔が見たい！　でもどんな顔をして会えばいいのかしら？　お父さんって照れずに言えるかしら？　もうすぐ会える！」という父の帰還する内容ばかりだった様な気がします。その当時の私は、「お父さん」と声に出して呼ぶ事への思い入れが強かったのでしょう…。叶うことの無かったその一言を言葉に出そうとするだけで、今でも涙が溢れてきます。唯一、父の存在を確信出来た物はというと、戦地から送られてくる手紙です。普段忙しい母が、私と姉を膝に坐らせて読んで聞かせてくれた事、その目に涙があった事も覚えています。本当はもっと沢山知りたかった父の事…。でも、聴いてはいけない事の様に思っていたのは、幼心にも母の涙がとても切なく感じられたからかもしれません。

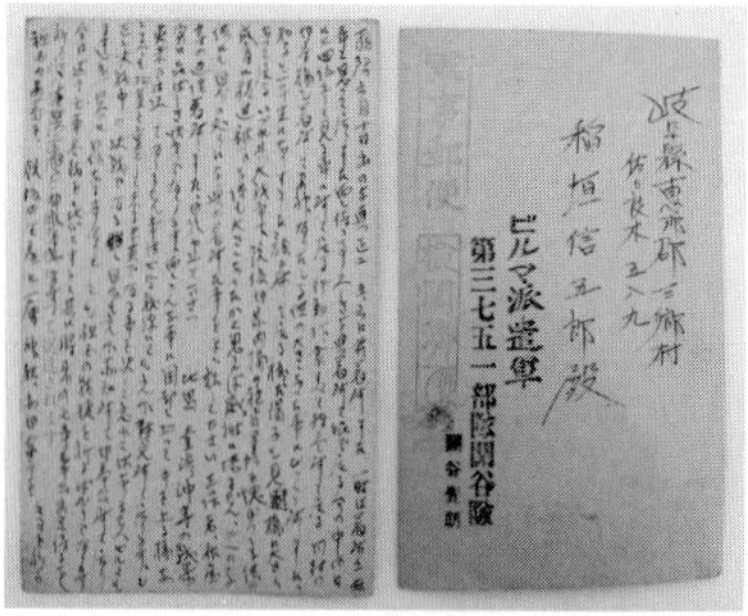

稲垣貴美子宛（左）
稲垣信五郎宛（右）

母の話しによると、父の一目惚れから始まった恋愛結婚だったそうですが、父の生家（町野家）は当時かなりの資産家で、母の家とは身分が違うという理由で結婚を反対され、堪りかねた父は、タライ一つに着物と袴を一枚持って町野家を飛び出し母の家に来たそうです。（父母の生家は共に岐阜県で家も隣村）その熱意にようやく結婚が許され、後継ぎのいなかった稲垣家へ婿養子として迎えられました。

それからの父は、養蚕の講師の資格を取り、長野県、山梨県などへその講師として出張し、一年の半分は家を留守にしていたそうです。家にいる間は、祖父母の農作業の手伝いをし、字が上手かったことから村の役場から書類等の代筆をこなす等、忙しく過していたそうです。

その他に父は、年に数回村の人達だけで行われる「村芝居」がとても好きで必ず出演していたそうです。好きなだけあって演技の評判も良く、歌もかなり上手く、当時で例えるとしたら「高田浩吉」程だったそうですよ。

ここまでが私が覚えている父の思い出です。

お父さん、お母さん、本当にありがとうございました。

長野縣護國神社

鎮座地　長野県松本市美須々六―一
御祭神　長野県出身の神霊　六万四千余柱
例祭日　四月二十九日、三十日　例祭

昭和十三年、県民の総意によりこの地に仮殿が創建され、同年十一月、鎮座祭を斎行、「長野縣招魂社」と称された。昭和十四年三月、「長野縣護國神社」と改称し、同年四月、内務大臣より指定され、昭和十七年、現在の社殿・旧社務所・斎館が竣工された。終戦後、昭和二十二年に社号を「美須々宮」と改称したが、昭和二十九年に「長野縣護國神社」と復称した。きびしい世情の中、御遺徳顕彰のため昭和三十四年、社殿屋根銅板葺替工事、美須々会館新築工事、昭和三十七年、斎館・社務所の屋根銅板葺替工事、昭和四十一年、公認弓道場が長野県下大勢の遺族・戦友・崇敬者の温かい協賛により竣工した。更には、昭和五十三年鎮座四十周年、平成三年鎮座五十周年記念事業として社殿以下建造物の改修・境内の整備工事並びに美須々会館新館の建設、平成十六年には社務所新築・参道敷石工事他の諸事業が県内外崇敬者の協賛により竣工した。

四月例祭は神社本庁より献幣使参向のもと多数の遺族・崇敬者が参列し厳粛に執行される。

美須々舞（昭和二十三年作）元宮内省楽部楽長・多忠朝作曲・振付
元長野縣護國神社宮司・武藤清文作詞

安らかに静まりいませ　信濃なる　美須々の宮に　みたま　こもりて

昭和三十六年三月二十六日　皇太子同妃両殿下御参拝　昭和三十九年五月十三日　天皇皇后両陛下御親拝
昭和四十五年一月二十四日　皇太子同妃両殿下御参拝　昭和五十一年八月二日　皇太子同妃両殿下御参拝

長野県

土屋睦邦命

大正4年11月20日生
昭和19年10月24日歿
満28歳
海軍少尉
比島ルソン島東方海面にて戦死

睦邦兄さんの思い出（妹　小林華子）

兄は小さい時から温厚な人柄で、勉強も運動もクラス一番。特に足が速く、いつもリレーの選手でした。小学校、中学校の計十一年間は皆勤で無遅刻、無早退、無欠席でした。県立飯山中学校を特待生で卒業した兄は、一日も早く家のために送金できるようにと、海軍兵学校へ行くのを諦め、横須賀海兵団に入団しました。更に航空兵になれば他の兵科よりも手当が沢山頂ける。そうすれば家への送金も多く出来る、と昭和十一年に第三十三期偵察練習生となりました。兄が毎月送金して下さる度に、母は私に見せてくれていました。

その兄のお蔭で私達弟妹は、村でも一人位しか進学しない旧制中学校や女学校に行かせて頂いたのです。昭和十五年には支那事変の功績により、功六級金鵄勲章を頂いた時には新聞にも大きく掲載され、両親も大変喜びました。本当に兄は親孝行者でした。

鈴鹿海軍航空隊の教官の時、母を二度も京都奈良見物に連れて行き、母は大変嬉しかったようです。また当時の教え子の方よりの便りによると、一度も叩かれたことがなく、みんなから尊敬されていた、

功六級金鵄勲章
勲七等青色桐葉章
勲六等単光旭日章

と書いてありました。やっぱり兄は優しい心の持ち主だったのだと痛感致しました。昭和十八年十月一日、患っていた父が亡くなり、その訃報を受けた兄は上官の特別な御配慮により急遽任地より帰郷。自分の真白な寝巻きを父に着せ自分は褌一つになって父を抱き上げ柩に納め、立派な葬式を出して下さいました。しかし父の葬儀が兄との今生の別れとなってしまいました。

兄は支那事変・ハワイ真珠湾攻撃・ミッドウェー海戦・ソロモン海戦と次々に重要なる海戦に出撃して生き抜いて参りましたが、昭和十九年十月二十四日レイテ沖海戦がいま正に火蓋が切られようとしていた矢先、比島東方海面で戦死しました。母も私もそんな事とは知らぬまま、氏神様と屋敷神様に無事を一年間祈り続けたものでした。私の心の中には、いつまでも睦邦兄さんが生き続けて居ります。

祖国日本を守るという純粋なる誠心で、尊い命を大にしては国の為、小にしては人の為、肉親の為に捧げて散華して行った睦邦兄さん。どんなに平和な時代であっても、兄の意を無にすることなく、己の為にのみ生きるのではなく、公共の福祉に貢献する生き方こそ兄への報恩であり、鎮魂であると固く信じて居ります。

三重縣護國神社

鎮座地　三重県津市広明町三八七
御祭神　三重県出身の神霊　六〇三四六柱
例祭日　四月二十一日、二十二日　春季大祭
　　　　十月二十一日、二十二日　秋季大祭

明治二年十一月元津藩主藤堂高猷は、安濃郡八幡町八幡神社の境内に小祠を建て、戊辰の役に官軍として戦死した藩士の霊を祀り、「表忠社」と称した。明治八年十月「招魂社」と改称し、明治三十四年六月、「官祭招魂社」となった。明治四十二年、現在地に移築遷座した。御祭神は、元治元年に京都御所において戦死した桑名藩士を始め、日清・日露戦争更には、大東亜戦争までに戦殁された神霊を合祀した。また社号は昭和十四年四月、「三重縣護國神社」と改称した。戦後の昭和二十一年、心ならずも「三重神社」と改称したが、昭和二十八年には「三重縣護國神社」と復称した。戦災により本殿ほかを焼失していたが、昭和三十二年に復興、本殿以下諸殿舎の造営を完成させた。昭和五十八年には修復御造営として、本殿改修社務所新築が完工し、また平成七年には終戦五十年記念事業として拝殿増築等を完工した。

春秋の大祭、万灯みたま祭、終戦の日英霊感謝祭を始め、英霊の慰霊顕彰の祭典、行事が数多く行われているのは勿論であるが、「英霊が願われていたのが、これからの日本を担う子供達の成長である」を旨とし、三月三日ひなまつり、五月五日端午の祭り、十一月十五日七五三といった子供達の成長を願うお祭りが楽しく賑やかに行われており、子供の神様としても三重県下の崇敬を集めている。更には、ボーイスカウト、ガールスカウトの育成母体として境内では少年少女が英霊のお膝元で活発に行動している。

昭和五十年十月二十七日　天皇皇后両陛下御親拝

三重県
森川一夫命

大正12年8月20日生
昭和19年10月25日歿
満21歳
海軍上等飛行兵曹
比島方面にて戦死

一夫兄さんの思い出（妹　的場つよ子）

五人兄弟の中で一人娘である私は、幼稚園の頃皆にくらべて一段と小さくて弱い子でした。家業が菓子製造及び販売で、子供の頃は子守りさんか、そして一夫兄さんが時々迎えに来てくれました。帰る道すがら今日はどんな歌、どんな踊りを教えてもらった、楽しかっただろうと言って、引いている私の手をかるく握ってくれました。暖かい手のぬくもりは忘れる事ができません。

冬に母がスキー毛糸屋さんで私のハーフコートを作ってくれましたが、とてつもない位大きく、嬉しいどころかこんな大きな服よう着やへんと私は泣いてしまいました。そうすると母は「四、五年は着ていかないと」と叱るのですが、そばにいた一夫兄さんがそっと手をさしのべて「毛糸だから両袖をこうして曲げときな。裾は上手に上げてもらいな」と優しい顔と声で私を諭す様にあやしてくれました。私は黙ってしまい、納得した訳ではないのに何かしら首を縦に振って頷いていました。

兄さんが中学に入る時、商売屋の息子なので両親は商業学校の受験

を勧めましたが、「僕は機械が大好き。これからは機械や化学の時代が進んでくるんや」と説得了解を得ていました。

両親の勧めで名古屋の敷島製パンに勤めはしたものの、以前から考えあぐんでいたのでしょう。急に職場をやめ、両親の反対を押し切って、長崎県の諫早航空学校に入校しました。両親はそんな学校に行って行く末どうするのだと言っておりましたが、後の祭りでした。

その後戦争の状況が悪化したころ「今若い僕らが国に役立つことが先決。勝利した暁には民間の航空会社に入社出来るから、お父さんお母さん心配しないでいいよ。もし自分が戦死してもちゃんとお国で見てもらえるから安心して下さい。兄弟仲よく助け合って僕の分まで親孝行をして下さい。お願いします」と毅然と言いました。

最後の帰省の折、長刀を家に置き、何のわだかまりもなく清々しい顔をして、ニッコリと笑みを浮かべていたのが、今も目の奥に焼きついています。

新潟縣護國神社

鎮座地　新潟県新潟市西船見町字浜浦五九三二—三〇〇
御祭神　新潟県出身の神霊　七九七二九柱
例祭日　五月八日　春季例大祭
　　　　九月八日　秋季例大祭

明治元年十月、新潟市常磐岡に「招魂社」を祀り、明治維新の際、国事に殉難した英霊の慰霊祭を行ったことに始まる。明治八年、「新潟招魂社」となり、明治十年には新たに社殿が建てられた。昭和十六年七月、現在地に「新潟縣護國神社」を創建することが計画され、県内各地からの二十五万余の勤労奉仕と八十余万円の浄財により、昭和二十年五月、竣工、鎮座祭が執行された。終戦後昭和二十四年八月には社号は「新潟神社」と改称したが、同二十八年十一月には「新潟縣護國神社」と復称している。平成七年の御鎮座五十周年には、県民の浄財により、大拝殿・祈祷休憩所の新築や鳥居・社務所・境内の改修が立派に竣工し整備され今日に及んでいる。

春秋例大祭を始め英霊慰霊顕彰の祭祀が厳粛に斎行されているが、八月十四日から十六日に行われる万燈みたま祭では遺族崇敬者から献げられた御灯で境内は光の海と化している。

境内松林の中には新潟市の遊歩道が設けられ、各文学碑（白秋碑・安吾碑等）があり、散策者があとをたたない。

昭和三十九年六月七日　天皇皇后両陛下御親拝

新潟県

羽根尾隆信命

昭和20年3月25日歿
陸軍中尉
比島ルソン島クラーク西方山地にて戦死

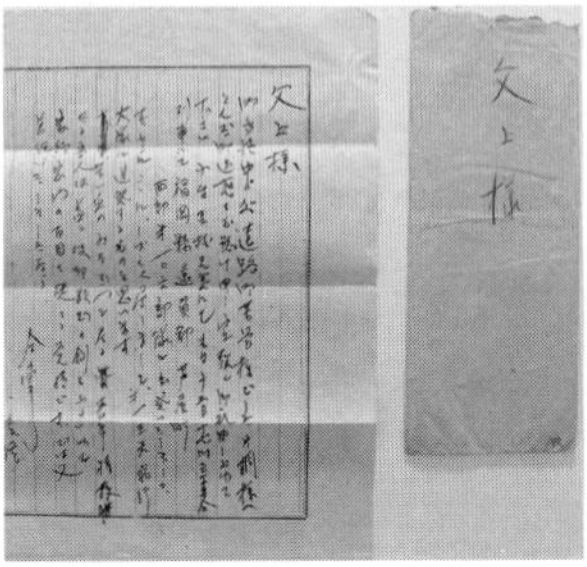
父上様

書簡（父宛）

父上様
御多忙中の処遠路御苦労様でした。片桐様へ
とんだ御迷惑をお懸け申し宜敷く御礼申し上げて
下さい。小生至極元気にて去る十三日十七時三十五分
列車にて　福岡縣遠賀郡芦屋町
　西部第一〇六部隊に出発いたしました。
考ふるにこゝにしばらく居りまして、第一三六飛行
大隊に進発するものと思ひます。
若い血のみなぎつて居る青年将校
たる吾人は益々破邪顕正の剣をふるい以て
家郷家門の面目をたてる覚悟です。
では又着任いたしましたなら

合掌

隆信

軍帽・上衣・ベルト

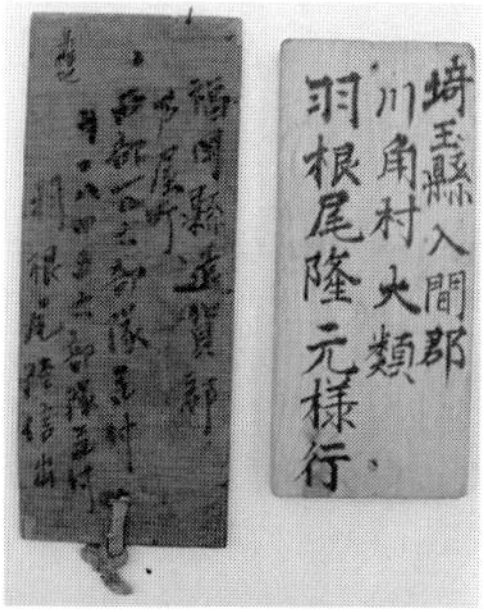

実家への荷札

卒業証書（大正大学佛教科）

富山縣護國神社

鎮座地　富山県富山市磯部町一―一
御祭神　富山県出身の神霊　二八六七八柱
例祭日　四月二十五日　春季例大祭
　　　　十月五日　　　秋季例大祭

鎮座地である磯部の地は、慶長三年、佐々成政が別園を築き、休憩所を建てたと云われ、遥か東南に鎮座されていた「櫟葉神明社」にたびたび参拝されたと云う由緒ある所である。時の県知事濱田恒之助が建設委員長となり、「富山縣招魂社」が大正二年八月、神明造りの本殿、拝殿、神饌所、手水舎等の竣工をみて鎮座された。その後内務省護國神社令により昭和十四年四月、「富山縣護國神社」と改称したが、同二十年八月一日、富山空襲により当神社も手水舎を残して全焼失した。昭和二十二年四月には「富山縣鎮霊神社」と改称、同時に奉賛会が結成され、同年十月、仮社殿が竣工した。同二十六年十月、「富山縣護國神社」と復称し、翌二十七年、富山縣護國神社奉賛会が結成され、さらに焼失社殿復興のため、昭和二十八年、富山縣護國神社建設委員会が結成され、同二十九年、現社殿の竣工をみた。

昭和五十年、終戦三十周年記念事業として、戦災殉難者、公務殉職者等の御霊を祀る「富山縣鎮霊神社」を造営し、同五十七年十月、御創建七十周年記念事業として、新社務所、南鳥居等が竣工した。又、平成四年十月、御創建八十周年記念事業として大拝殿、北・西側の玉垣造成をなし、同七年、大東亜戦争終戦五十周年記念として臨時奉幣大祭を斎行。併せて回天特別攻撃隊小森一之少尉の御遺品を始め、国を憂い、故郷を思い、家族を愛した英霊のまごころ溢るる「遺芳館」を建設し、平成十四年十月には、御創建九十周年記念事業として本殿大修復を終え正遷座祭を斎行した。

昭和三十三年十月十九日　天皇皇后両陛下御親拝　　昭和三十六年十月十七日　皇太子同妃両殿下御参拝

富山県

坂井喜蔵命

大正2年3月30日生
昭和14年5月2日歿
満26歳
陸軍歩兵伍長
支那・湖北省八角泉にて戦死

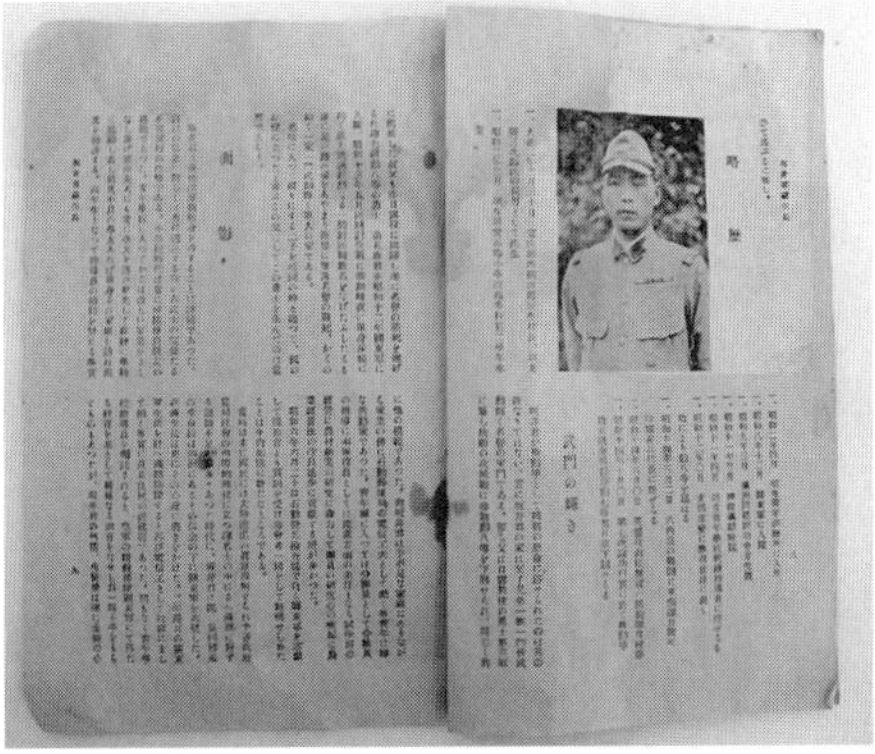

富山県教育会「事変下の郷土偉人」

日章旗への寄せ書き

群がる逆襲の敵へ
肉弾となつて散る
—坂井伍長の壮烈な最期

戰死者

坂井伍長の活躍を報じた当時の新聞

群がる逆襲の敵へ
肉弾となって散る
坂井伍長の壮烈な戦死

西礪波郡埴生村出身、寺垣部隊坂井喜蔵伍長は五月二日、蒋介石の四月攻勢の蠢動に際し、湖北省八角泉の戦闘に参加し、群がる敵の逆襲を蹴散らしつつ、肉弾進撃に際し、不幸、敵の手榴弾を受け、壮烈極まる戦死を遂げた旨、十五日原隊から公電があった。埴生村の生家を訪うと父弥三郎氏（六十二歳）は、

　これで二人をお国に捧げましたと前提して、

長男喜蔵は一昨年応召以来至極元気で江南各地に転戦し南京の攻略、徐州の大会戦にも参加し今度は粤漢線方面へ進撃しているということでした、長男と次男が二人共に戦場で斃れたことは家門の誉となります。

と語ったが次男の正雄上等兵は満洲国へ出動中、昨年七月二十日三江省通河県において名誉の戦死を遂げ今回長男喜蔵君も護國の人柱となり、二人の男子をお国に捧げたのである。喜蔵君は前回の満洲事変にも出動して勲八等を賜はり、父弥三郎氏は日露戦役の勇士で勲八等を賜った勇士揃いの家である。遺族は父弥三郎氏、母つやさん（六十歳）、愛妻かついさん（二十二歳）、遺児清子さん（二歳）がある。

石川護國神社

鎮座地　石川県金沢市石引四―一八―一
御祭神　石川県出身の神霊並に第九師団管内（富山・福井・岐阜・滋賀の一部）戦歿の神霊　四四八八八柱
　　　　殉職自衛官　一五柱
例祭日　四月十九日　春季例大祭
　　　　十月十九日　秋季例大祭

戊辰の役で戦死した加賀藩の百八名の戦歿者の神霊を明治三年、卯辰山に「招魂社」を造営して祀ったのが、その創まりである。以来、西南戦争から大東亜戦争までの英霊を合わせ祀っている。昭和十年に卯辰山の「招魂社」から、陸軍小立野練兵場の一部である現在地に遷座された。遷座にあたって、石川県・第九師団・県下各市町村その他有志により奉賛会が組織され、二年半の歳月を費やして、境内地を造成、本殿以下社殿及び工作物が造営された。昭和十四年、内務省令により社名が「石川護國神社」と改称された。終戦後昭和二十四年四月には社号は「石川神社」と改称したが、同二十七年四月には「石川護國神社」と復称した。その後、昭和四十五年に御創立百年記念大祭、昭和五十九年に御遷座五十年記念大祭、平成二年に御創立百二十年記念大祭が執行され、それぞれ記念事業として本拝殿調度品新調、鳥居修復工事、社務所改修工事、社殿屋根葺替工事等が進められ、竣工を見た。

昭和三十三年十月二十四日　天皇皇后両陛下御親拝
昭和四十三年十月八日　皇太子殿下御参拝

石川県

中村正雄命

明治25年5月15日生
昭和14年12月25日歿
満47歳
陸軍中将
支那・広西省九塘坪付近にて
戦死

色紙（永井陸軍医画、手術の場）

中村正雄命は、昭和十四年十二月二十四日、南寧作戦において愛する部下救援のため敢然と死地に躍り入ったが、ついに敵の銃弾により左腹部を損傷、戦場にあって緊急の手術となった。近在の民家にて、落下傘をシーツに手術室をこしらえての執刀であった。手術中に敵迫撃弾が村落内に落下するなど、十分な施術が出来ないままに、手術は一時中断となる。中将は、なお手術台にあって作戦を練り、部隊を指揮された。翌二十五日に症状が悪化し、無念にも南支の華と散った。この色紙は、その時の執刀医であった永井軍医が描かれたものである。

中村正雄命への弔辞

弔辞

謹ンデ、故陸軍中将中村正雄閣下ノ英霊ニ告グ（中略）

君ハ、昨春颯爽トシテ勇躍征途ニ上リ、北支、南支ト幾転戦赫々タル武勲ヲ樹テタ、昨年十一月中旬北海附近ノ上陸作戦ニ従ヒ、君ノ部隊ハ狂瀾怒濤ヲ侵シテ、見事、画期的ナ敵前上陸ニ成功シタ、続イテ、疾駆、十一月二十四日、早クモ南寧ヲ陥レ、援蔣ルートヲ遮断シタ。

十二月二十日南寧東北方九塘附近ニ進出シタ三木部隊ガ数十倍ノ敵襲ヲ受ケ苦戦ニ陥ツタノデ、君ハ率先陣頭ニ立ツテ、其ノ救援ニ赴イタ。群ル敵ノ真只中ヲ押分ケテ、嶮峻ヲ攀ジ、難路ヲ越エ、弾雨ヲ潜リ乍ラ進撃ヲ続ケタノダ。

二十三日、君ガ敵弾ノ為左頬部ニ負傷スルノ報ニ接スルヤ、我等ハ如何ニ君ガ武運ノ長久ヲ祈ツタコトカ。

二十四日、君ガ左腕及ビ腹部ニ貫通銃創ヲ受ケ、鮮血ニマミレタ身ヲ担架ニ横タヘ、叱咤シナガラ九塘ニ進入、救援ノ任ヲ全ウシタトノ報ニ接シタ時、我等ハ鬼神モ避クル君ノ勇戦ノ様ヲ思ヒ部下救援ノ成功ヲ祝スルト共ニ、君ガ重傷ヲ案ジ暗然タルモノガアツタ。

同日夕、永井軍医執刀ノ下ニ、迫撃砲弾ノ飛来下、茅屋ニ於テ手術ハ行ハレタ。

明ケテ二十五日未明君ハ病革マルヤ「救援ノ任ヲ全ウシ思ヒ残ス事ナシ」ト語リ、周囲ノ人々ニ生前ノ厚意ヲ謝シ、午前五時十八分勲章ヲ取寄セ姿勢ヲ正シ「天皇陛下萬歳」ヲ三唱シテ静カニ瞑黙大往生ヲ遂ゲタノダ。（中略）

我等モ亦力ヲ協セ、君ガ驥尾ニ附シテ、其ノ志トシ、聖戦貫徹ノ為ニ邁進セン。

在天ノ霊、希クバ安ジテ瞑セラレンコトヲ

昭和十五年二月二十四日

第二十五期生代表　陸軍少将　武藤　章

福井縣護國神社

鎮座地　福井県福井市大宮二―一三―八
御祭神　福井県出身の神霊　三一九九〇柱
例祭日　四月十三日　春季例祭
　　　　十一月二日　秋季例祭

昭和十四年の内務省の護國神社制度に従い、明治維新の志士・橋本景岳（左内）命をはじめとする郷土福井県ゆかりの戦歿者の神霊をお祀りするために、昭和十六年三月、社殿を建設し創建された。終戦後、昭和二十一年十月、神社名を「福井御霊宮」と改称する事を余儀なくされた。「福井御霊宮」に改称すると同時に、別殿に公務殉職者の霊魂をも奉斎することになった。現在の「福井縣護國神社」と復称されたのは昭和二十六年の事である。

昭和二十三年六月には福井地方の大地震、翌七月には未曽有の大洪水と被害に遭い、神殿を始め諸建物全部倒壊流失、境内崩壊、地下水噴出と殆ど全滅に等しきものであった。しかし直ちに復旧の奉賛事業を興し、遺族及有志の献資により、昭和二十六年四月、現神殿と御式殿を再建した。昭和四十五年には、英霊の御遺品を展示保管する「秀芳館」が竣工され、平成四年御鎮座五十周年大祭、平成十四年同六十周年大祭に併せ数々の記念事業が行われた。

昭和三十七年四月二十二日　天皇皇后両陛下御親拝
昭和四十三年九月四日　皇太子同妃両殿下御参拝

福井県

池邑肇命

大正9年12月8日生
昭和17年2月20日歿
満21歳
海軍飛行兵曹長
ニューブリテン島ラバウル方面にて戦死

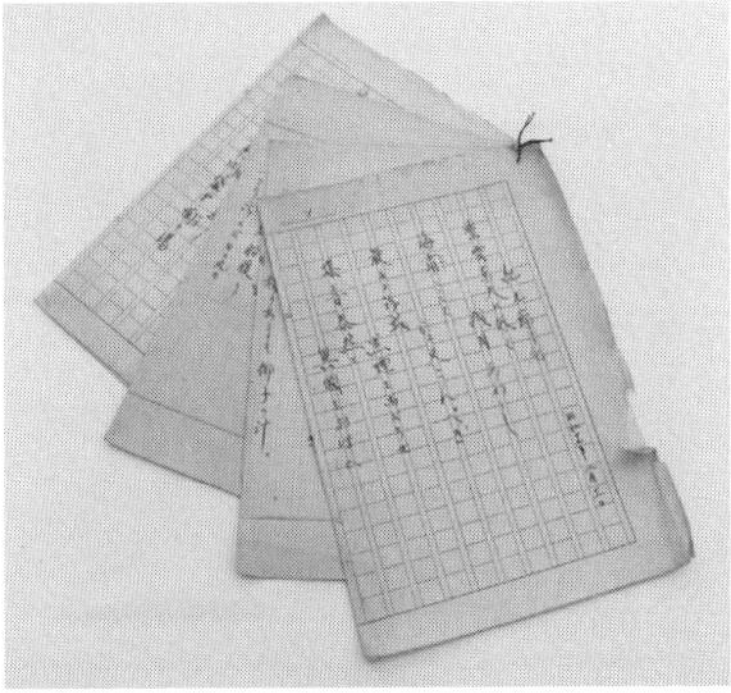

随筆原稿

昭和十七年二月十一日

紀元節

紫雲東天に低く　残月あわし
海粛として　空又こんぺき
厳なる浮城　黒煙をなびかせ
爆音泰然と　異国をおほひ
スリールな曲線　青空に浮び
旭日昇天又　若人の意気の如く
燦然ひらめく　軍艦旗

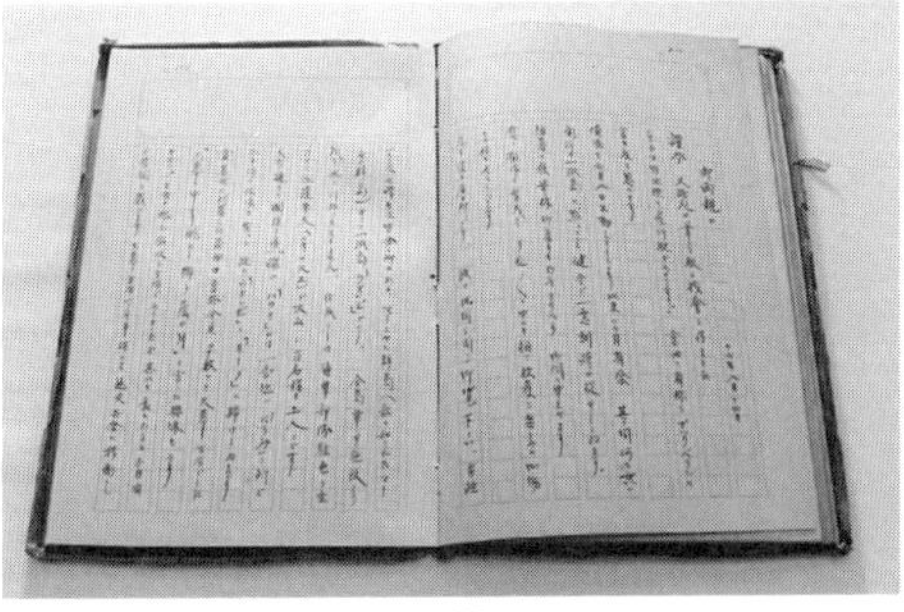

日記

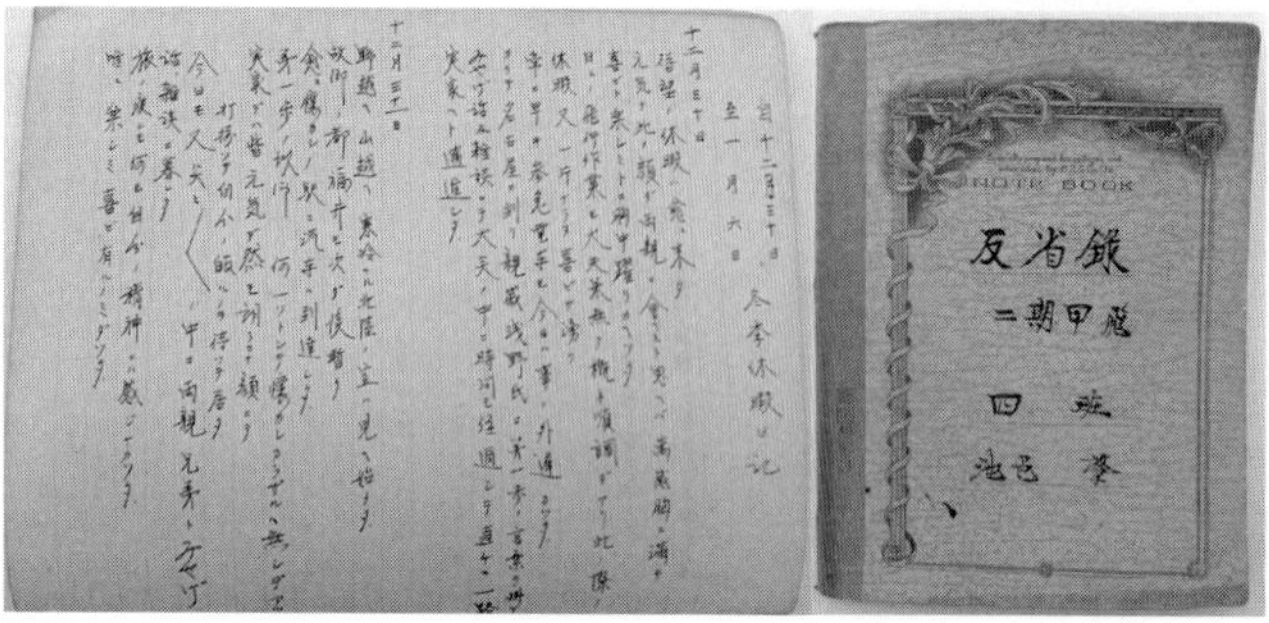

反省録

「冬季休暇日記」（「反省録」より抜粋）

十二月三十日
待望ノ休暇ハ愈々来タ
元気ナ此ノ顔デ両親ニ会ヘルト思ヘバ万感胸ニ満チ
喜ビト楽シミトニ胸中躍リカヘツタ
日々ノ飛行作業モ大失策無ク概ネ順調デアリ此ノ際ノ
休暇又一片ナラヌ喜ビガ湧ク
常ニ早キ参急電車モ今日ハ事ノ外遅カツタ
カクテ名古屋ニ到リ親戚浅野氏ニ第一歩ノ言葉ヲ掛ケタ
みやげ話及雑談ニテ大笑ノ中ニ時間モ経過シテ直チニ一路
実家ヘト邁進シタ
十二月三十一日
野越エ山越エ寒冷ナル北陸ノ空ハ見エ始メタ
故郷ノ都福井モ次ダ　後暫ク
愈々懐カシノ駅ニ汽車ハ到達シタ
第一歩ノ故郷　何一ツトシテ懐カシカラザルハ無シデアツタ。
実家デハ皆元気デ然モ朗ラカナ顔ニテ
打揃ツテ自分ノ皈ルノヲ待ツテ居タ
今日モ又笑ヒ笑ヒノ中ニ両親兄弟トみやげ
話、雑談ニ暮レタ
旅ノ疲レモ何モ自分ノ精神ニハ感ジナカツタ
唯々楽シミ喜ビ有ルノミダツタ

滋賀縣護國神社

鎮座地　滋賀県彦根市尾末町一―五九
御祭神　滋賀県出身の神霊　三四七五二柱
例祭日　四月五日　春季大祭
　　　　十月五日　秋季大祭

明治八年、内務省布令を受けて、旧彦根藩主井伊直憲公主唱者となり「招魂社」造営に着手し、同九年五月、竣工するを以て創始とする。同年七月、戊辰の役東征従軍戦死者青木貞兵衛頼実之命を始め二十六柱の神霊を招魂鎮祭する。昭和十四年、内務省指定「滋賀縣護國神社」と改称すると共に、社殿の整備造営並に境内拡張事業が行われる。終戦による占領軍の進駐・時勢の推移により、同二十二年、社名を「沙沙那美神社」と改称したが、同二十八年、再び「滋賀縣護國神社」に復する。

平成十七年、終戦六十年を機に、末永き神社の護持奉斎・英霊遺徳顕彰を目的とする新たな崇敬奉賛会が設立された。

平成十八年は御創立百三十年に当るため、記念事業が推進された。

昭和四十九年九月二十七日　皇太子同妃両殿下御参拝
昭和五十年五月二十八日　天皇皇后両陛下御親拝

滋賀県

雲林院長夫命

大正7年4月16日生
昭和17年5月7日歿
満24歳
海軍一等飛行兵曹
ソロモン群島方面にて戦死

履歴書

年	月日	記事
昭和十一年	六月一日	呉海兵団ニ入団
	同日	海軍四等水兵ヲ命ス
	十月一日	海軍三等水兵ヲ命ス
	同日	第五三期普通科信号術練習生ヲ命ス
十二年	五月十五日	卒業
	同日	白鷹乗組ヲ命ス
	十一月一日	海軍二等水兵ヲ命ス
十三年	三月二十七日	扶桑乗組ヲ命ス
	十一月一日	海軍一等水兵ヲ命ス
十四年	六月一日	普通善行章一線付与
十五年	四月二十九日	支那事変ニ於ケル功ニ依リ勲八等白色桐葉章ヲ授ケ賜フ
	十月一日	第二期飛行術練習生（偵察術専修）トナル
	十一月一日	任海軍三等兵曹
十六年	一月二十九日	配属ヲ大分海軍航空隊ニ変更ス
	四月二十六日	卒業
	同日	海軍三等航空兵曹トナル（転科）
	四月二十八日	第一三期大型機新搭乗員特別訓練員ヲ命ス
	六月一日	海軍三等飛行兵曹トナル
十七年	二月十日	第四航空隊附ヲ命ス
	五月一日	任海軍二等兵曹
	五月七日	戦死
	同日	任海軍一等飛行兵曹

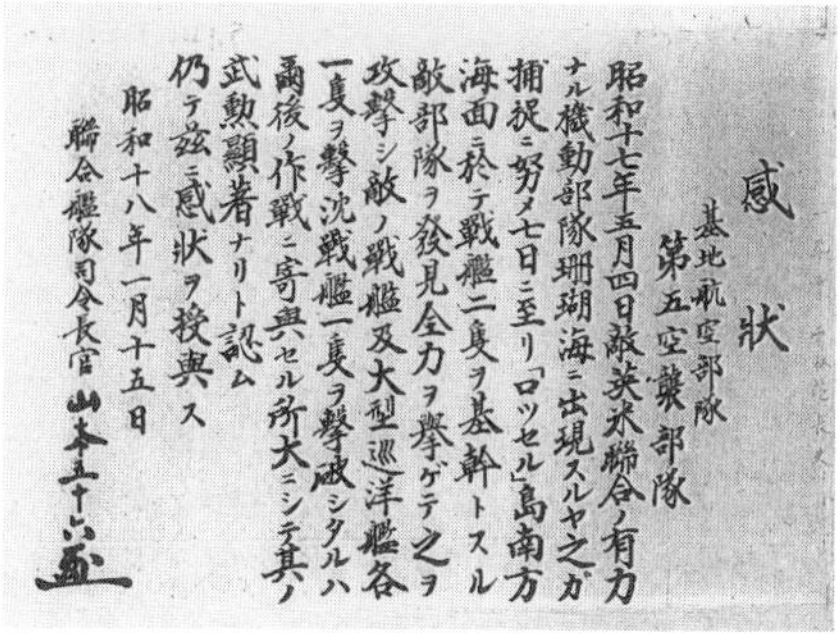
感状
基地航空部隊
第五空襲部隊
昭和十七年五月四日敵英米聯合ノ有力
ナル機動部隊珊瑚海ニ出現スルヤ之ガ
捕捉ニ努メ七日ニ至リ「ロッセル」島南方
海面ニ於テ戰艦二隻ヲ基幹トスル
敵部隊ヲ發見全力ヲ擧ゲテ之ヲ
攻撃シ敵ノ戰艦及大型巡洋艦各
一隻ヲ撃沈戰艦一隻ヲ撃破シタルハ
爾後ノ作戰ニ寄與セル所大ニシテ其ノ
武勳顯著ナリト認ム
仍テ茲ニ感状ヲ授與ス
昭和十八年一月十五日
聯合艦隊司令長官 山本五十六

基地航空部隊への感状
（昭和十八年一月十五日）

感状
基地航空部隊
第五空襲部隊
昭和十七年五月四日敵英米聯合ノ有力
ナル機動部隊珊瑚海ニ出現スルヤ之ガ
捕捉ニ努メ七日ニ至リ「ロッセル」島南方
海面ニ於テ戰艦二隻ヲ基幹トスル
敵部隊ヲ發見全力ヲ擧ゲテ之ヲ
攻撃シ敵ノ戰艦及大型巡洋艦各
一隻ヲ轟沈戰艦一隻ヲ撃破シタルハ
爾後ノ作戰ニ寄與セル所大ニシテ其ノ
武勳顯著ナリト認ム
仍テ茲ニ感状ヲ授與ス
昭和十八年一月十五日
聯合艦隊司令官長官　山本五十六

京都霊山護國神社

鎮座地　京都府京都市東山区清閑寺霊山町一
御祭神　京都府出身の神霊　七三〇〇三柱
例祭日　四月二十八日　春季例大祭
　　　　十月十四日　秋季例大祭

嘉永六年米国艦渡航以来の国論沸騰のなか、敢然として尊皇の大義を唱えて世論を啓発し、征幕の軍に従って諸方に転戦、身を以て維新のために活躍した志士の忠義に対し、明治元年、明治天皇は深く御嘉賞遊ばされ、一社の創立を仰出されたのに始まり、東山の霊山の山上に御社を創建した。これが神社の創祀であり、ひいては我国「招魂社」の始まりである。その後神社の祭祀及び運営管理には国費があてられ、社号は「霊山官祭招魂社」と称した。明治十年、社頭に銅碑建設の際、勅命により有栖川宮幟仁親王の揮毫を下賜いただき、斎殿及び拝殿を建設した。昭和十一年、京都府知事他の発起により霊山官祭招魂社造営奉賛会が組織され、府民はこの計画に賛同し浄財の申込が相次ぎ本殿、祝詞舎、拝殿、神饌所建設等に及び、また多くの府民の勤労奉仕のもと参道拡張工事も完成した。昭和十四年四月、内務大臣指定により「京都霊山護國神社」と改称された。終戦後の昭和二十一年、社号は「京都神社」と改称したが、昭和二十七年九月には「京都霊山護國神社」と復称した。昭和三十六年、第二室戸台風による被害の際には災害復旧委員会を組織し、昭和四十三年に本殿以下社殿の修復が完成し、御創立百周年奉祝祭を斎行した。境内には「昭和の杜」が建設されている。この杜は生還した戦友達が昭和史に残した足跡を永く後世に伝えんと、祖国の繁栄と世界恒久平和の願いを籠めて計画され、平成九年十一月完成したものである。数多くの従軍記念の碑、極東国際軍事裁判にて被告全員の無罪を主張したインド代表判事パール博士顕彰碑が建てられている。

昭和五十三年四月十日　秩父宮妃殿下御参拝

京都府

澤田忠數命

大正10年12月16日生
昭和20年5月15日歿
満23歳
海軍大尉
沖縄方面にて戦死

澤田忠數命は澤田家の三男として生れたが、長男・次男は幼くして既に死亡しており、澤田家の存続は此の三男坊の肩に重くかかっていた。

子供の頃は近所一番のやんちゃ坊主で、後に飛行機乗りとして出征する時母は「貴方は幼い時、近所であばれ廻り母を困らせたが、こんどは大空で思い切りあばれて来なさい」と言って送り出した。

父は息子のためにと、借金をして立派な軍刀を買い贈った。また祖父が西南戦争に出征のおりに曽祖父と写真を撮っており、後に祖父が無事生還されたこの御先祖様にあやかろうと、この写真と同じ様に父と子は撮影し、これで必ず息子は生還すると信じていたが、一ヶ月余後に戦死した。

天理の学校時代、澤田忠數命はラグビー部に入部を希望したが、顧問の先生に「君は背丈が低いから無理だ」と断られた。しかし再々強く頼みに来るので先生は根負けし、入部が許可された。澤田忠數命は主将を務め花園ラグビー場の全国大会出場で、有終の美を飾っている。

妹澤田成代さんは兄のことを次のように思い出している。

御守（靖國神社）

私が十四歳の時、兄は出征前に天理の寮へお別れに行くこととなり、私も一緒に行き寮に泊めてもらいました。火の気の無い寒い部屋で、私が「寒くて寝られへん」と言うと、私を抱いて温めて寝かしてくれた。母親の様な温もりが忘れられなかった。

昭和十九年七月十六日、出征する前夜に私は「お兄ちゃんと寝る」と言って、枕を持って兄の居間に行こうとした時、父が「だめだ」と一喝。私は泣きじゃくり「なんであかんの」母が「お兄ちゃん一人でゆっくり寝させて上げなさい」と優しく言った。しぶしぶ思い止まったが、しばらく父とは口も聞かなかった。大好きなお兄ちゃんだっただけに…。これが兄との最後だっただけに…。

兄の公報を受け取った時、私は思わず大声で泣いたのですが、母は「泣くんじゃない。お母さんだって泣いてないのに」と叱られました。どんなにか誰よりも一番母が泣きたかったであろうに、人前で涙を見せることはありませんでした。

大阪護國神社

鎮座地　大阪府大阪市住之江区南加賀屋一―一―七七
御祭神　大阪府出身の神霊　一〇五六四九柱
例祭日　五月二十日　春季例大祭
　　　　十月二十日　秋季例大祭

大阪の地にはそれまで英霊を恒久的に奉祀する御社がなかったが、支那事変を契機として、永く英魂を奉斎し、英霊の勲功を顕彰申し上げたいとの気運が、府民の間から強く興ってきた。昭和十三年、時の大阪府知事が奉賛会長に就任、昭和十五年五月、内務大臣指定神社として、明治維新以降の大阪府出身の英霊を奉斎する「大阪護國神社」が創建された。

社地一万坪は、低湿地にて整地・土盛りを必要としたが、二年間にわたる延べ三十六万人府民の献身的な勤労奉仕によって清々しい境内が完成した。戦後の復興には十数年の時節を要し、漸く国内の情勢が安定した昭和三十五年、造営奉賛会が結成され、府下十万余の遺族、七百万府民を始め、官公財界の協賛を仰ぎ、昭和三十八年五月、社殿はめでたく竣工し、浄闇裡に荘重神厳なる本殿遷座祭が斎行された。御社殿の造営に続いて境内に、遺族の福祉厚生施設として住之江会館が竣工した。昭和四十年、終戦二十周年を記念して献灯みたま祭を八月十四日、十五日の両日斎行以来、境内狭しと提灯を掲げての神事は、夏の風物詩と呼ばれるまでになった。

終戦六十周年を迎えた平成十七年には、終戦六十周年臨時奉幣大祭が、遺族・戦友・崇敬者多数参列のもと厳粛盛大に斎行された。記念事業として、社殿の修改築・本殿周囲の玉垣の造営等を行った。

昭和四十五年七月十五日　天皇皇后両陛下御親拝
昭和五十三年五月三十一日　皇太子同妃両殿下御参拝

大阪府

北川敦彦命

大正11年2月15日生
昭和19年5月13日歿
満22歳
陸軍一等兵
中華民国湖北省にて戦死

北川敦彦命は父治三郎母よねの三男として兵庫県尼崎市に誕生。昭和十五年三月、旧制大阪商業学校卒業。のち長兄治が兵役に就いたため、家業の鋼材原料商を継いだ。昭和十九年一月二十五日、徴兵により大阪堺の部隊に入隊。約一週間で現地教育のため中支に渡り、中支派遣呂第二〇九部隊鳥井隊に所属する。約四ヶ月後の昭和十九年五月十三日、中支湖北省嘉魚附近において、米軍飛行集団と遭遇し、対空射撃中胸部貫通弾を受け戦死した。

長兄治さんの記憶によると、敦彦命は父親の若い時の面影を継いでいて、兄弟の中で一番の美男子だった。酒も父親に似てあまり強くなく、少し飲むと目の周辺が色眼鏡を掛けたように赤くなり、すぐ飲んだことがわかった。

大阪商業学校入学の際、兄治さんの通っていた旧制兵庫県立尼崎中学校も受験合格していた。本人は中学校へ行きたかったらしいが、父親の強い要望もあり商業学校に入学した。尼崎中学校は優良校で、入学許可された者が、他校へ入学するなど考えられないことであった。学校では席を用意したままのため、先生方に弟はどうなっているのだと聞かれ、困った思い出が治さんにはある。

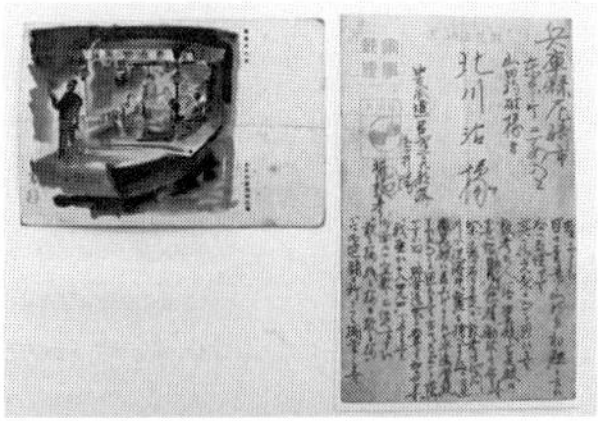

軍事郵便絵葉書（北川治宛）

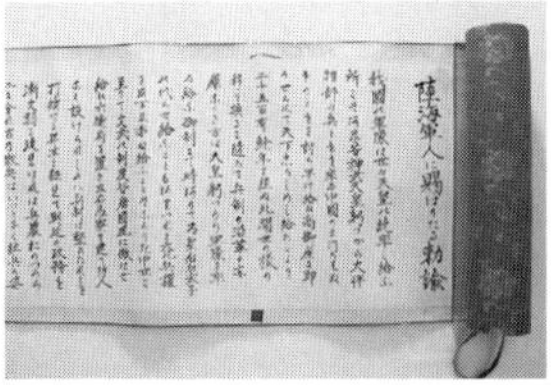

陸海軍人に賜りたる勅諭（本人謹書）

敦彦命が入隊して渡支する前に面会があった。勿論面会人数に制限があり飲食物は禁止されていた。ちょうど大阪の部隊勤務となっていた兄治さんも面会に参加した。

治さんは、禁止事項はキッチリ守るように家族に言い、飲食物は一切持って行かなかった。面会が始まると他のどの家族も食べ物を持って来ており、父親が何も持って来なかった事を詫びると敦彦命は「兄貴は堅いからなー」と言って笑った。見かねた隣りの面会人が、食べ物をわけてくれた。「有難う」と気さくに言って美味そうに食べていた。その時の光景をいまだに治さんは心に悔いとして感じているそうである。

兵庫縣神戸護國神社

鎮座地　兵庫県神戸市灘区篠原北町四―五―一
御祭神　兵庫県東部、丹波・摂津・淡路の十三市一郡出身の神霊　五三二五七柱
例祭日　五月六日　春季例祭
十一月六日　秋季例祭

戦歿者の慰霊祭祀は、神戸市兵庫区会下山に招魂斎庭、祭壇を設け、招魂祭が毎年官民合同で斎行されていた。やがて、英霊の勲功を顕彰するためには社殿を建設し、永久に奉斎すべしとする県民各層の熱意で、関西学院跡地約三千坪に素木流造の神殿・諸社殿が建てられ、昭和十六年六月には内務省指定の「護國神社」に列せられた。昭和二十年六月五日、神戸大空襲の戦禍に遭い荘厳な社殿及び境内の建物は壊滅的な被害を受けた。戦後社号を「兵庫御霊神社」と改称せざるを得ないなど危機的状況にあったが、昭和二十五年に兵庫縣神戸護國神社奉賛会が設立され、社殿の復興事業を進め昭和二十七年には社号も「兵庫縣神戸護國神社」と復称、昭和三十二年一月に社務所が落成、昭和三十四年十一月に新社殿も竣工した。その後も境内整備、本殿改修が進められた。平成七年の阪神淡路大震災では社務所半壊などの大被害があったが遺族崇敬者の熱誠により、平成八年十一月には阪神淡路大震災被害修復竣工奉告祭が執行された。境内には、華と散られた英霊をお慰めするために植樹された桜が凛として美しさを匂わせている。

昭和四十一年十一月五日　常陸宮同妃両殿下御参拝

兵庫県

井上木蔵命

昭和20年1月8日歿

陸軍兵長

千島列島幌筵島擂鉢にて戦死

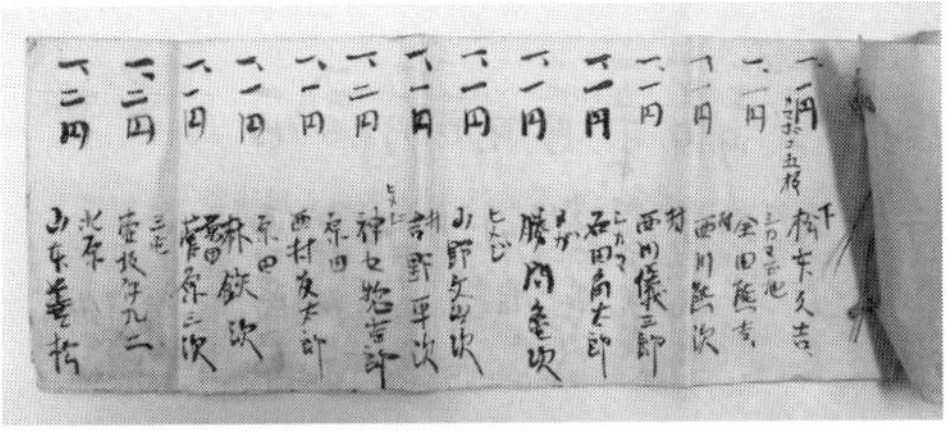

出征餞別帳

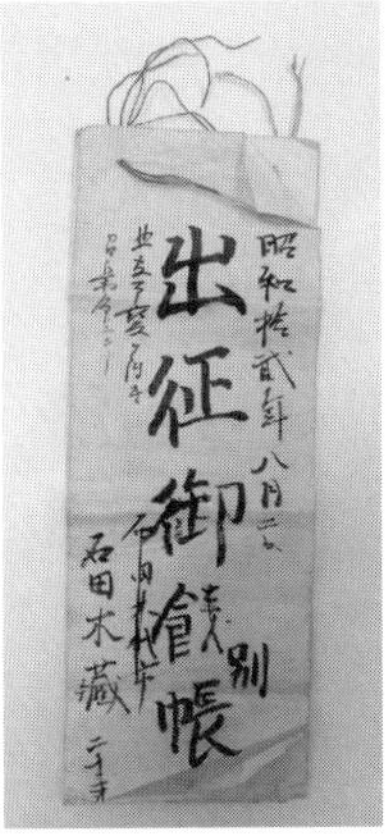

出征餞別帳（表紙）

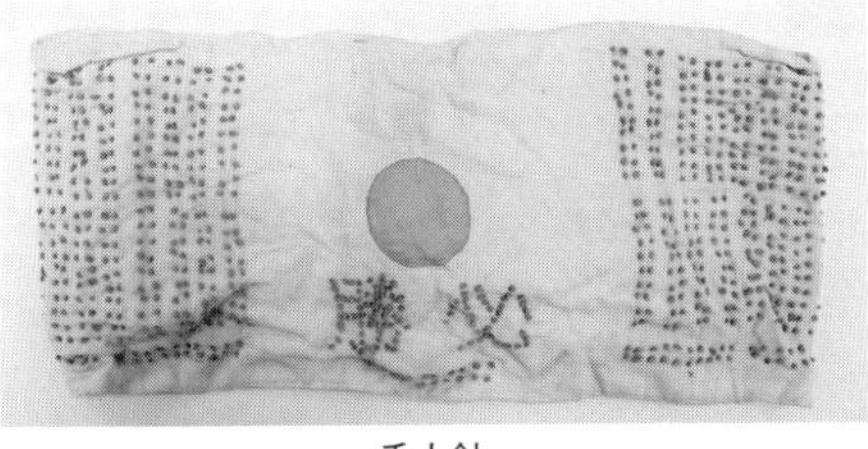

千人針

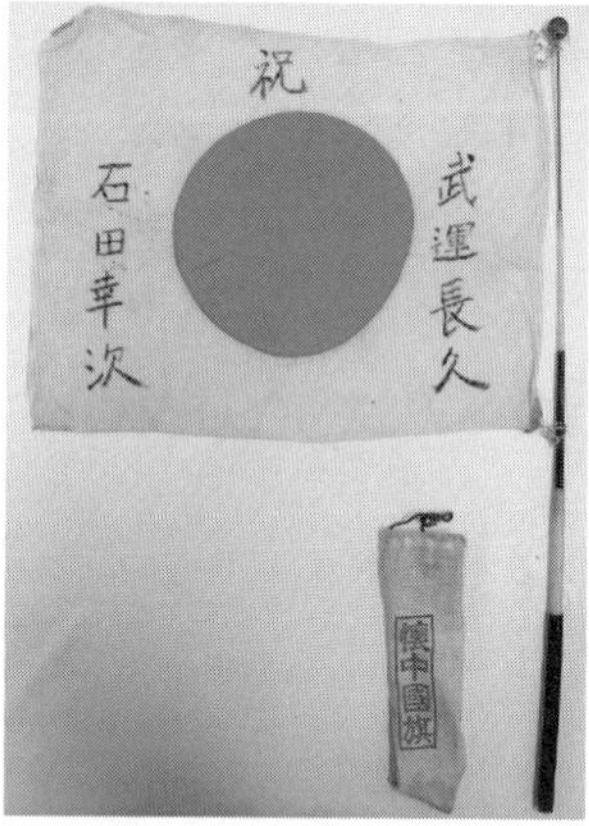

懐中国旗（弟・石田幸次より）

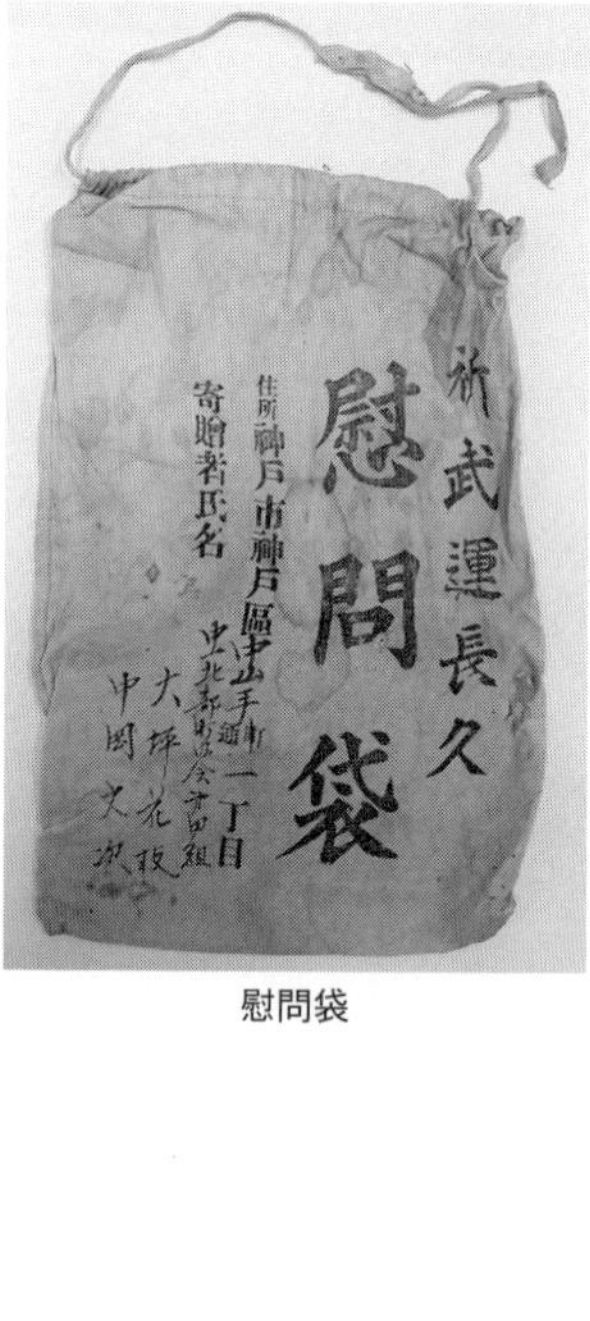

慰問袋

御守（湊川神社）

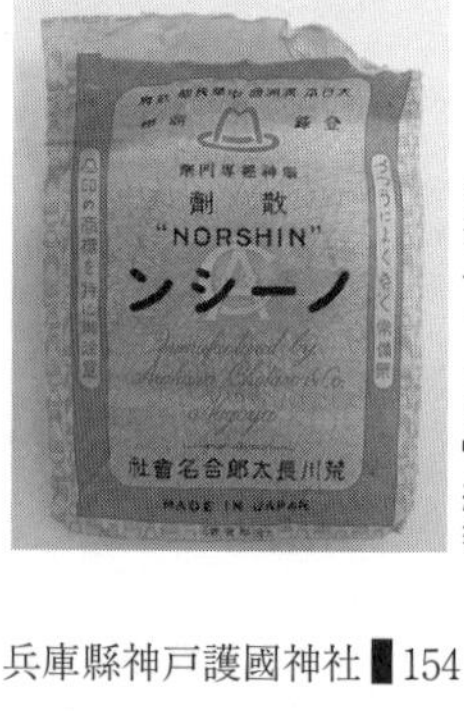

散剤「ノーシン」紙袋

兵庫縣姫路護國神社

鎮座地　兵庫県姫路市本町一一八
御祭神　兵庫県西部、旧播磨・但馬出身の神霊　五六九八八柱
例祭日　五月二日　春季慰霊大祭
　　　　十一月二日　秋季慰霊大祭

明治二十六年より現鎮座地附近において、兵庫県官民合同により招魂祭が執行されてきたが、殉国の「英霊」に常時崇敬報謝の誠を捧げ、御遺徳を永く追憶しなければならないとの気運が興り、兵庫県招魂社造営奉賛会（会長・兵庫県知事）が組織され、県民挙げてこれに奉賛をした。昭和十一年に内務大臣の創立許可を得て姫路白鷺城の麓の地に招魂社造営の工を起し、昭和十三年四月に社殿が竣工し神霊奉鎮の祭儀が執行された。翌十四年、内務省令に基づき「招魂社」は「兵庫縣姫路護國神社」に改称された。終戦後昭和二十一年八月、社号を「白鷺宮」と改称したが、昭和二十九年、「兵庫縣姫路護國神社」と復称した。昭和四十三年、御創建三十周年を記念し姫路護國会館建設並境内整備を行い、平成二年には御創建五十周年を期して本殿以下屋根葺替等修復及び境内整備事業を実施した。平成七年の終戦五十周年には、神社維持基金を創設している。

姫路に縁深い聯隊のひとつに歩兵第三九聯隊がある。明治三十年、創設された同聯隊は昭和十五年、第一〇師団が関東軍に編入されるに伴い北満佳木斯に移駐。昭和十九年、台湾防衛のため移駐、同年比島に上陸した。歩兵第三九聯隊軍旗は、日露戦争沙河の戦で敵弾に倒れた二人の旗手の血を浴び「血染めの軍旗」と言われた。終戦時比島山中にあり奉焼命令が届かず、分割して日本に持ち帰り、今は遊就館に奉安されている。

兵庫県

矢野實命

大正11年2月25日生
昭和20年6月10日歿
満23歳
陸軍軍曹
比島ルソン島バレテ峠にて戦死

マッチ箱、煙草の包紙収集品

柔道三級
矢野實
右允許ス
昭和十四年三月二日
奈良縣立郡山中學校

柔道免状（3級）

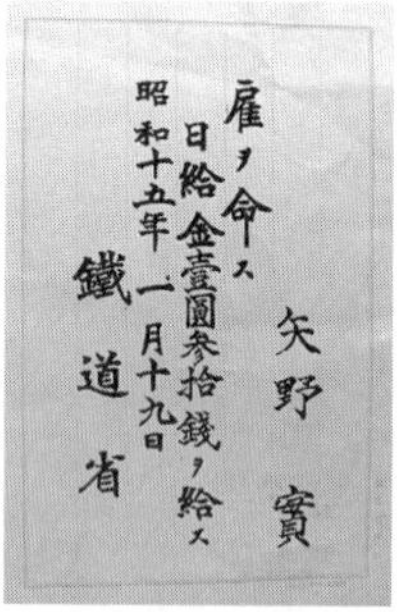
矢野實
雇ヲ命ス
日給金壹圓參拾錢ヲ給ス
昭和十五年一月十九日
鐵道省

雇用任命書（鉄道省）

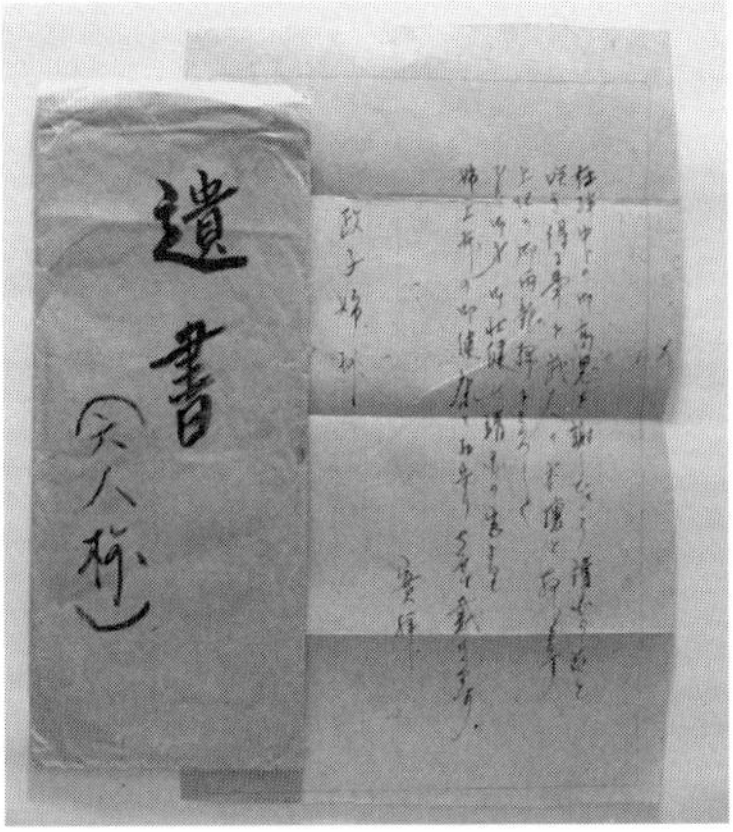

遺書

在津中の御高恩を謝し乍ら護國の花と
咲き得る事を武人の本懐と存じます。
上記の御両親様をよろしく。
では御身御壮健に。靖國の宮より
姉上様の御健康をお守りさせて戴きます。
　　　　　　　　　　　　實拝
政子姉様

奈良縣護國神社

鎮座地　奈良県奈良市古市町一九八四
御祭神　奈良県出身の神霊　二九二四三柱
例祭日　四月十五日　春季大祭
　　　　十月二十二日　秋季大祭

奈良県では当初、奈良市飛火野の浄地に祭壇を設け、明治維新以来の国家民族のため戦歿された英霊を招魂して慰霊祭を斎行していたが、昭和十四年六月、県下ゆかりの英霊の鎮魂と、その偉勲を後世に伝えるため、護國神社建設奉賛会が組織された。万葉の故地であり、大和盆地が一望されるこの景勝の地（約一万五千坪）に、昭和十七年九月、全県民挙げての奉仕により荘厳なる社殿が創建された。同年十月「奈良縣護國神社」と称せられ、御鎮座祭が斎行され、三千柱の御祭神が祭祀された。戦後、社号を「高円神社」と改称したが、昭和二十七年に「奈良縣護國神社」と復称した。その後も「郷土戦歿英霊の慰霊祭祀は子々孫々にいたるまで県民の力で守り抜く」を旨とし、高円ノ杜をまもる会設立、永代祭祀神楽講社設立、境内整備建物修復工事等を成し、平成八年には「強固な神社護持基盤を確立し慰霊の祭祀を必ず次の世代へ」を標語とする、奈良縣護國神社護持會を発足させ殉国の英霊の御心に応えるための活動をしている。

昭和五十七年六月二十一日　三笠宮同妃両殿下御参拝

奈良県

小西利正命

大正4年7月15日生
昭和13年9月18日歿
満23歳
陸軍歩兵伍長
第16師団第4野戦病院にて戦傷死

小西利正命は昭和十年十二月、奈良の歩兵第三八聯隊第一一中隊に入隊。満洲各地において討匪治安確保に七ヶ月勤務の後、昭和十一年十月に上等兵に昇進。昭和十二年五月、軍隊勤務の仕上げの終期演習があり、そこで小西上等兵の進退をかけた出来事が起きた。

単身斥候を命ぜられた小西上等兵は、草薮を分けての腹這いで任務を遂行、敵陣の情報を手帳に記帳し、帰隊を焦っていた。ここまで来ればと思い座り込んだところ、腰の帯剣を無くしたことに気が付く。大切な武器を無くしたままでは帰る事は出来ないが、斥候という責任の有る任務だという考えにより、帰隊して報告後、有りのままを申し上げた。その結果、第三大隊長より表彰状を受け、帯剣はその後、大隊全員で検索し、他の中隊の兵士が見付け上司同伴で受取ることが出来た。上官にはお世話になったと、その時の様子を父にしみじみと話されていたようである。

現役満期除隊三ヶ月後に再び召集令状が届き、それを見ながらぽつりと母に向かって「また心配を掛ける事になったけど」と言葉少なに語った。

歩兵第三八聯隊第一一中隊に入隊し、本部付となって軍旗衛兵とし

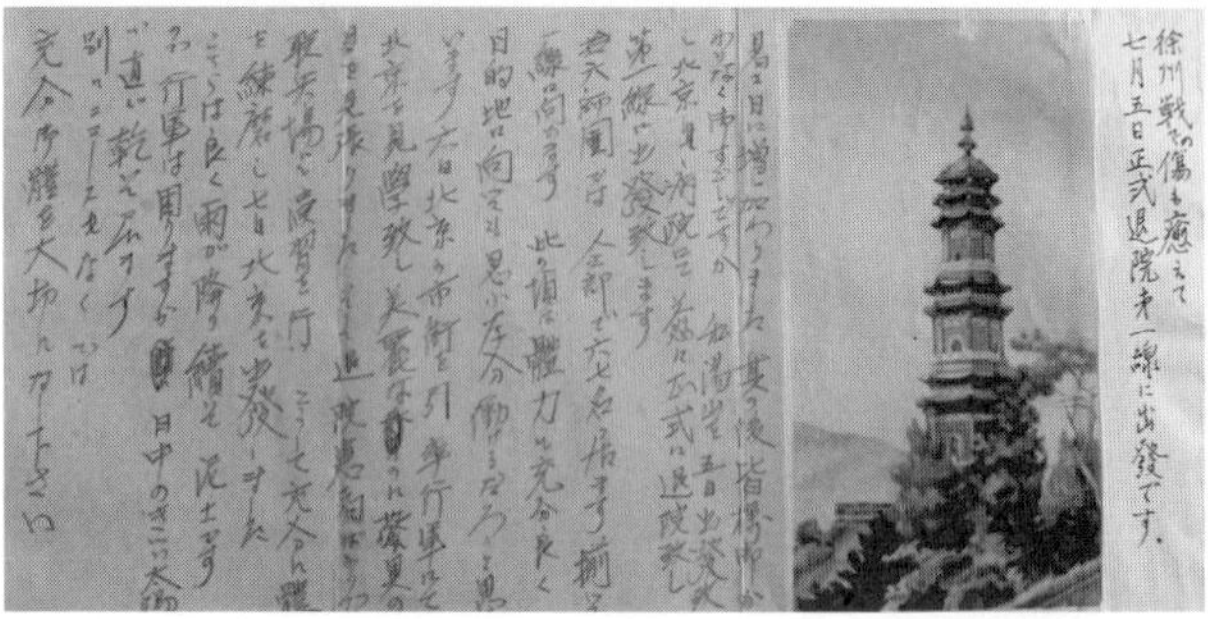

軍事郵便（小西金五郎宛）

て軍旗を守り各戦奮闘するも徐州で負傷（下腹部貫通銃創）し、重傷のため内地に送還されたとの手紙が中隊長より親元へ届いたが、小西上等兵は本人の願いにより原隊へ復帰を果していたのである。その後、小西上等兵は親しい戦友であった森本義春上等兵の遺骨を背に戦い行動していたという。

また小西上等兵は、故郷の両親を始め弟妹五人の七人家族のために、お金を二十円、十五円と送り続けた。母はその都度涙を拭き、慰問袋を送れば、この送物を有難く感謝しつつ、「今後は絶対に慰問袋はお断りします。私は官給品で十分足りています」との手紙が送られてきた。

「召集令状を受けた時に兄を訪ねて下さった榎本重美様は、兄出征後に間もなく応召され、兄の戦死の後を追う様に戦死されました。榎本さんも感状を賜わった勇士でした。支那事変では白屋地区から出征した三十数名の戦死者がおり、利正兄は最初の戦死、榎本さんは三人目です。奇しき運命と申しましょう」との弟末明さんの手紙が御遺品とともに遊就館に届けられた。

和歌山縣護國神社

鎮座地　和歌山県和歌山市一—三
御祭神　和歌山県出身の神霊　三六六七〇柱
例祭日　五月五日　春季例大祭
　　　　十月五日　秋季例大祭

明治戊辰の役以来、国家のため散華され、「靖國神社」に合祀された和歌山県出身の戦歿者を祭祀するため、招魂祭が執り行われていた。その第一回は明治十三年九月二十四日で、以来年一回天妃山（和歌山市岡公園内）で明治二十八年まで続けられたようである。明治二十九年以降は、和歌山県尚武会主催の下に和歌山県知事が祭主となり和歌山城内砂ノ丸において毎年五月四、五の両日、臨時祭壇を設けて神式並びに仏式により招魂祭が執行されて来た。昭和三年に入り和歌山県招魂社建設期成会が発足、和歌山市より敷地の譲渡を受けて現在地に昭和十二年六月十一日「招魂社」が創建された。昭和十四年、「和歌山縣護國神社」と称して、鎮座祭が斎行された。昭和二十年、和歌山市大空襲により社務所が焼失したが、社殿は災禍を免れた。昭和二十二年に社務所が建設された。その後も境内整備が行われたが、昭和六十二年には不審火により社殿炎上、危機的状況となるも、直ちに和歌山縣護國神社再建奉賛会が発足し、県下の遺族戦友崇敬者必死の奉賛活動により、平成四年、社殿御復興本殿遷座祭、続いて社殿竣工奉祝祭が斎行された。

昭和三十七年五月二十四日　天皇皇后両陛下御親拝
昭和四十六年九月五日　皇太子同妃両殿下御参拝

和歌山県

三宅隆雄命

昭和20年4月16日歿
陸軍大尉
ビルマ国ヤメセンにて戦死

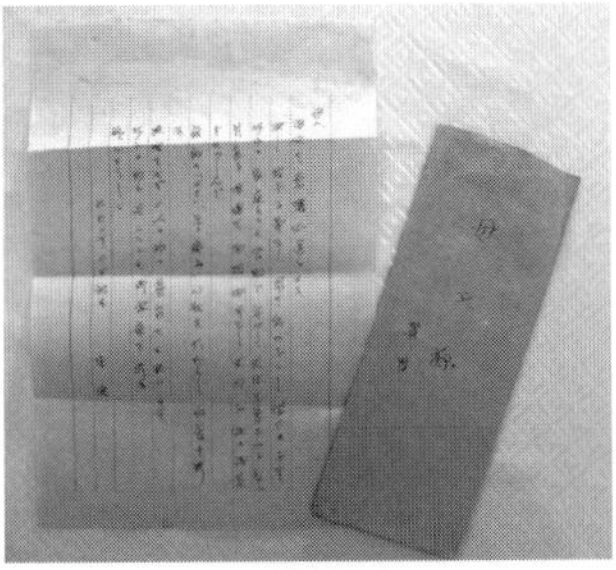

遺書

母へ
隆雄は勇躍征途に上る。
決して按ずる事なし。男は我が子にして陛下の子なり。
何れの家庭にても皆同じ。安心して老后を暮される様に。
若い美喜子、唯雄を相談相手として、史郎、弘純の成長をたのしんで。
持病の「せき」「足の痛み」心配す。大切にして自愛を祈る。
無理をせず二人の孫の養育をお願ひします。
何れの地にあらうとも御健康を祈る。
姉によろしく。

六月二十三日記す　隆　雄

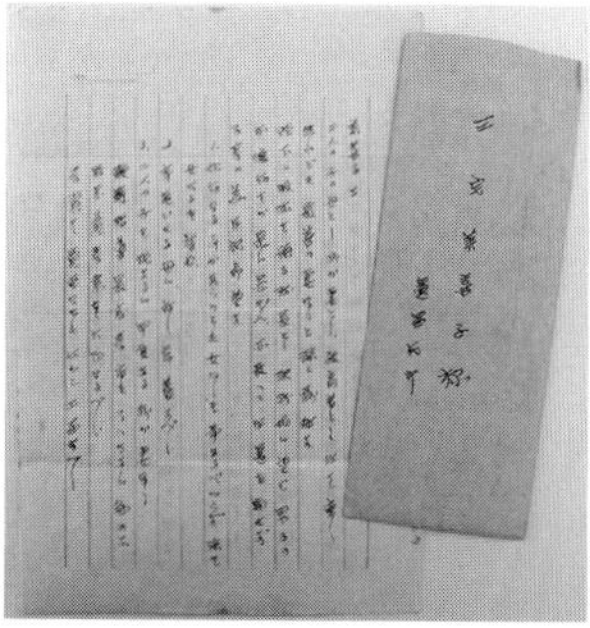

遺書（妻宛）

美喜子よ

二人の子の母とし、我が妻とし、教育者として任は重し。然れども最善の妻なりと深く感謝す。

陛下の股肱を預る隊長とし決戦場に臨む男子の本懐何をか是に過ぎん。亦敢へて生還を期せず。子等の為左記希望す。

1、如何なる事があらうとも女々しき事あるべからず。強き女たるを望む。

2、年老いたる母に対し孝養すべし。

3、二人の子を託する甲斐ある我が妻なり。鞭韃指導最高学府を了へさすに勉めよ。将来益々学業は大切なるべし。学資は覚束なきも何かと工面すべし。

4、唯雄を最もよき相談相手とすべし。

5、資産は時局の終息を待ち（物価下落）不動産八分、動産二分に代るべし。（中略）子等の為山林は境界を明らかにし、其の侭維持すべし。

6、空襲時の注意

イ、一家離散せざること。（中略）

7、史郎は温順　弘純は剛毅の性を有す。指導を適切にし強い男子としての育成を望む。

8、益々健康に留意し教育者として二人の子の蔭日和となり父に代り面倒を頼む。

9、兄弟姉妹の疎遠は厳に慎むべし。

10、中の島の母に対する孝養を忘れるな。晋一郎、敬二郎兄及武三郎、及季子によろしく。

六月二十三日記す

三宅隆雄

岡山縣護國神社

鎮座地　岡山県岡山市奥市三―二一
御祭神　岡山県出身の神霊　五六六九三柱
例祭日　五月六日　春季慰霊大祭
　　　　十月六日　秋季慰霊大祭

備前藩主池田章政公が明治二年四月、御後園裏竹田河原に於いて戊辰の役の戦死者の招魂祭を行い、次いで同年六月、岡山市東山公園内に社殿と碑石を建て奥羽、箱館の両戦争戦死者五十五柱を祭祀したのを起源とする。明治七年三月に官祭招魂社に列せられ、明治十三年には、幣立山地内に本殿、拝殿が建築竣工した。大正四年四月、現在地に移転遷座し、昭和十四年には、内務大臣指定の「岡山縣護國神社」に改称された。昭和二十一年、終戦により社名を「操山神社」と改称したが、昭和二十七年に「岡山縣護國神社」と復称した。昭和三十六年三月、社殿の修復に着手し同年八月、本殿遷座祭が行われた。昭和四十四年四月三日、御創立百年大祭が、平成三年十月には平成御大典記念事業竣工奉告祭がそれぞれ執り行われた。

境内には忠霊塔を始め、数々の慰霊顕彰碑が遺族戦友崇敬者によって建てられている。歩兵第一一〇聯隊、歩兵第一五四聯隊、工兵第五四聯隊、騎兵第二六聯隊、独立臼砲第一八大隊など郷土岡山縁の碑、また、平和の女神像、自由の男神像等、戦歿者を慰霊し、世界平和を祈念する像や碑も神社に至る公園地に建てられている。

昭和三十七年十月二十三日　天皇皇后両陛下御親拝
昭和五十二年八月一日　皇太子同妃両殿下御参拝

岡山県

野中五郎命

明治43年11月18日生
昭和20年3月21日歿
満34歳
海軍大佐

南西諸島方面にて戦死

茶箱

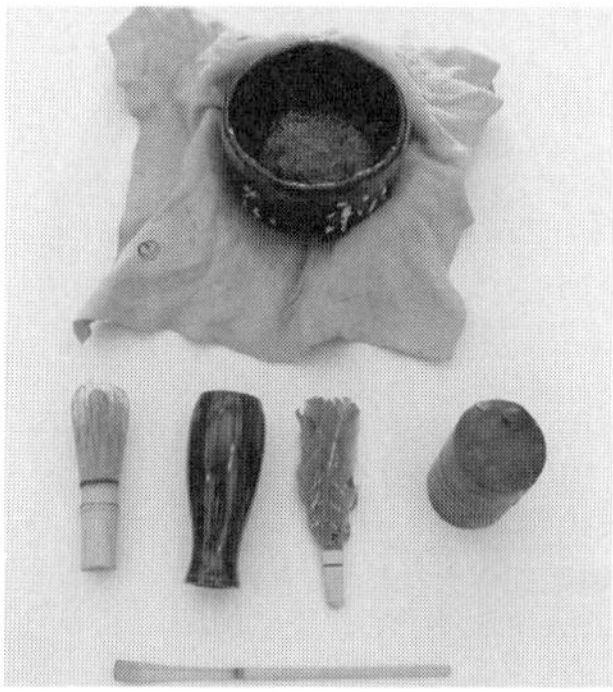

戦場で使われた茶道具

「桜花」模型（遊就館展示）

「神雷部隊の概要」

昭和十九年十月一日第七二一海軍航空隊（神雷部隊）が新設され、司令に岡村大佐、飛行隊長に野中五郎少佐が任命された。出撃したなら全く生還出来ぬ、必死特別攻撃隊神雷部隊の正式誕生である。

神雷部隊の任務は、特攻特殊飛行機「桜花」を一式陸上攻撃機の腹に抱き、敵艦隊上空に到達するや、これを母機から離し、放された桜花搭乗員は目標敵艦を視認しながら自ら操縦してこれに体当たりを敢行するものである。

部隊の編成は桜花を自ら操縦し体当たりを敢行する桜花隊と敵艦上空までこれを運ぶ役の母機陸攻隊、そしてこれを援護する戦闘機隊の三隊に分れて編成される。

神雷部隊は、米軍の沖縄襲来を期して九州各基地に展開し、満を持して神雷部隊桜花隊初攻撃の日の三月二十一日を待った。前々日の敵艦載機来襲の邀撃《ようげき》で多大な損耗を受けた我が軍は、援護戦闘機の不足のまま司令部の出撃命令を受けた。歴戦の指揮官、野中隊長は「湊川だよ」と言い残して陸攻十八機で出陣、何ら無線連絡もないまま全機帰還することはなかった。

（神雷部隊戦友会・鈴木英男氏記）

備後護國神社

鎮座地　広島県福山市丸之内一―九―一
御祭神　備後、福山市・尾道市・三原市・深安郡・沼隈郡・芦品郡・御調郡・世羅郡・甲奴郡・神石郡・比婆郡出身の神霊　三一四四九柱
例祭日　五月十九日　春季勇鷹祭（旧阿部神社例祭）
十月二十三日　秋季例大祭

「備後護國神社」は昭和三十二年に「備後神社」と「阿部神社」が合併して設立された。「備後神社」は明治元年、旧福山藩主阿部正桓公が防長の役、石見国益田の戦、及び渡島国（北海道）箱館の戦に戦死した四十柱の英霊を祀ったのが始まりで、最初は深津郡吉津村入会の地（現福山八幡宮境内）に「新宮」を建設し祭祀を行った。明治二十六年七月、福山公園地（現福山城跡）に移転し同三十四年七月、「官祭福山招魂社」と改称、続いて昭和十四年三月の内務省令により「福山護國神社」と改称した。昭和二十年八月、空襲により、造営中の社殿は烏有に帰し城内仮宮に奉遷。終戦後昭和二十四年八月には「備後神社」と改称した。昭和三十一年十一月社殿竣工し「阿部神社」と合併して遷座祭を斎行した。「阿部神社」は、福山藩主阿部家の遠祖である孝元天皇第一皇子高志道将軍、大彦命及び御子武沼河別命と豊韓別命三柱の神を主神とし、阿部家代々の祖霊を奉斎、文化九年七月、八代藩主備中守阿部正精公が久松城北の小丘松山を開拓して工を起し、領内の住民挙ってこれが工役を助け翌十年竣工した。明治十年旧社名「勇鷹神社」を「阿部神社」と改称して県社に列格された。昭和三十二年三月、社号を「備後護國神社」と改称。その後昭和六十二年には天皇陛下御在位六十年を記念して社殿整備、本殿・幣殿・拝殿銅板葺替を行い、平成三年には社務所斎館の改築、平成十五年には参集殿の改築を行っている。

昭和四十三年八月一日　高松宮同妃両殿下御参拝

広島県

松場進命

大正9年10月19日生
昭和20年4月16日歿
満24歳
海軍大尉
南西諸島方面にて戦死

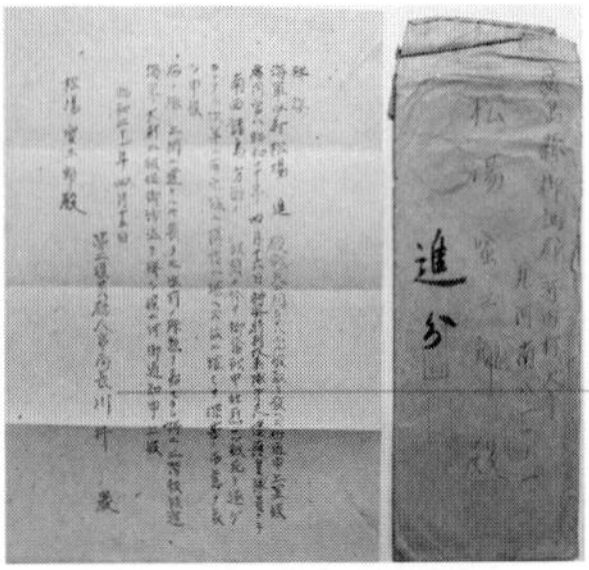

戦死及2階級被進通知書

拝啓
海軍少尉　松場進　殿戦死ニ関シテハ先般取リ敢ヘズ御通知申上置候
処同官ハ昭和二十年四月十六日神風特別攻撃隊第三八幡護皇隊員トシテ
南西諸島方面ノ戦闘ニ御奮戦中壮烈ナル戦死ヲ遂ゲ
ラレタル次第ニ有之誠ニ痛惜ニ堪ヘズ茲ニ謹ミテ深甚ノ弔意ヲ表
シ申候
右ノ趣　上聞ニ達スルヤ畏クモ生前ノ殊勲ヲ嘉セラレ特ニ二階級特進
海軍大尉ニ被任御沙汰ヲ拝シ候ニ付御通知申上候
昭和二十一年四月十二日
第二復員庁人事局　川井　巌
松場蜜三郎殿

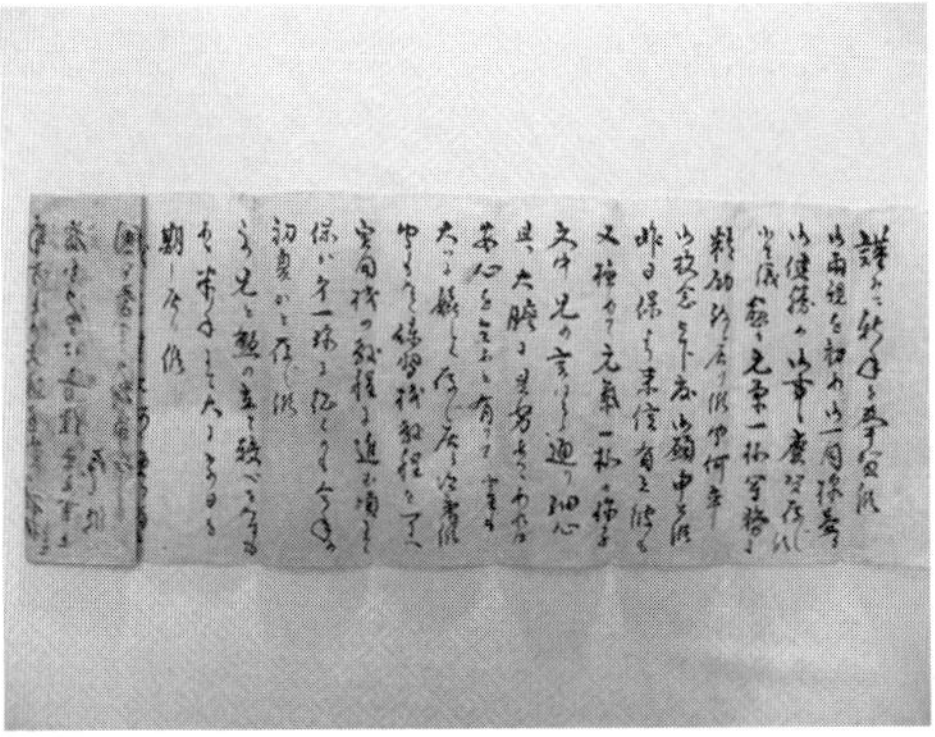

書簡（家族宛）

謹みて新年を奉賀候　御両親を初め御一同様益々御健勝の御事と慶賀存じ候　小生儀愈々元気一杯軍務に精励致し居り候間何卒御放念下されたく御願申上候　昨日保より来信有之候も又極めて元気一杯の様子文中兄の言はるる通り細心且つ大胆に是努めてあれば安心を乞ふと有りて小生も大いに嬉しく存じ居る次第に候　間もなく練習機教程を了へ実用機の教程に進む頃にて保が第一線に征くのも今年の初夏かと存じ候

この兄と勲の立て較べをなすもあと半年にて大にその日を期し居り候

茂からは其后何か便り有之候也　当方からも一向に便りせず　無音をつづけをり候

南方との交通至難の折柄とて当分の間は音信無之事と存じ候

國を挙げての戦争中　異境に新年を迎ふるも軍籍に身をおくものの本懐ならずやと存じ切る候か　武運の長久を祈り居り候　群山には賀状差出す可き人多々有之候も一様に失礼致し候間何卒皆様によろしく御伝言下されたく御願ひ申上候

先づは右新年の御挨拶迄

斯くの如く御座候　敬具

昭和二十年一月三日　進　拝

御父上様

御局様

廣島護國神社

鎮座地　広島県広島市中区基町二一―二
御祭神　九二六五二柱
例祭日　四月第二日曜日　春季大祭
　　　　十月第三日曜日　秋季大祭

廣島護國神社は、明治元年十二月、戊辰の役において陣歿された高間省三命以下七十八柱を、二葉の里に新しく造営された「水草霊社」において斎祀したのが起源である。明治八年に官祭招魂社となり、明治三十四年「官祭廣島招魂社」と改称された。昭和九年、社殿の老朽化に伴い、西練兵場（現在の市民球場の辺り）の西端に新社殿を造営、遷座され、昭和十四年に「廣島護國神社」と改称されたが、昭和二十年八月六日の原子爆弾により、社殿等を悉く焼失した。その後同地に小祠を設け、祭祀を続けてきたが、市の復興に伴い移転を余儀なくされ、現在の広島城跡地に社地を選定し、復興奉賛会を結成した。昭和三十一年秋、社殿が竣工し遷座祭が執行され、待望の復興を遂げた。平成二年に御大典記念事業奉賛会が結成され、鳥居・社殿等の改修、建替えのため遺族・県市民を始め全国有志からの浄財が寄せられた。平成五年四月本殿・拝殿・石鳥居・石畳に至る総ての工事が竣工し、盛大な遷座祭・竣功奉祝祭・旧社地への御神幸等が執り行われ現在に至っている。プロ野球球団広島東洋カープが優勝祈願祭を行う神社としても有名である。

昭和四十六年四月十六日　天皇皇后両陛下御親拝
昭和五十三年七月二十四日　皇太子同妃両殿下御参拝

広島県

安達貢命

大正13年2月6日生
昭和19年12月22日歿
満20歳
陸軍大尉
フィリピン群島ミンドロ島サンホセ西方にて戦死

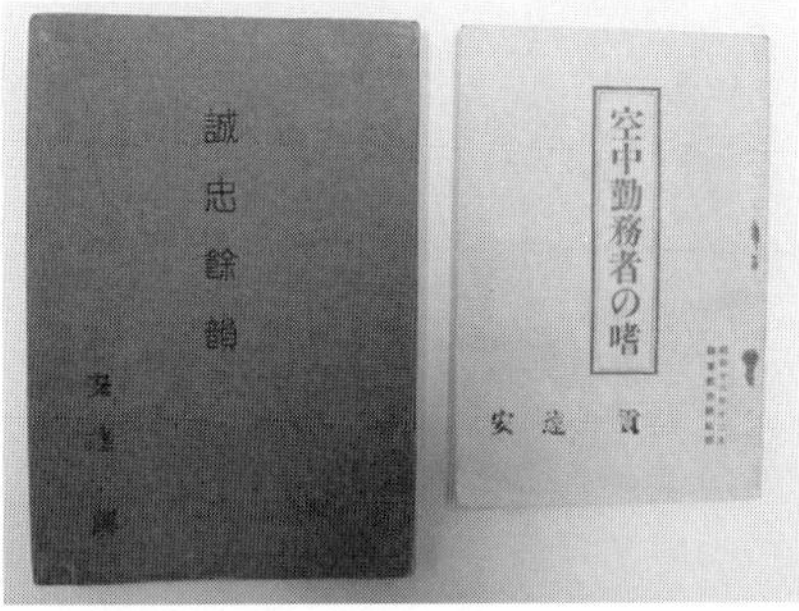

「空中勤務者の嗜（陸軍航空総監部編）」（右）
「誠忠餘韻（陸軍予科士官学校編）」（左）

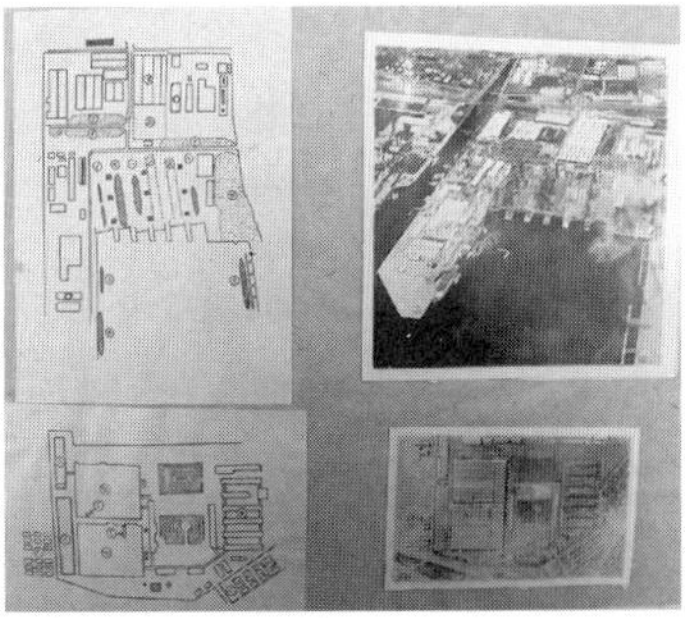

地上目標識別の練習帳

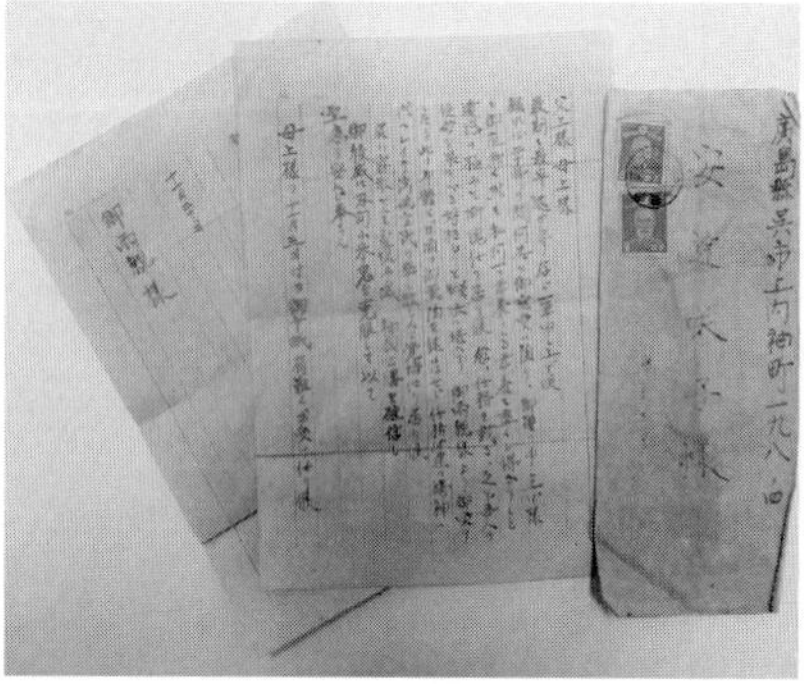

遺書（両親宛）

父上様母上様
最期も最早遠からず存じ一筆申し上げ候
顧れば二十年の間何呉と御寵愛に預り御礼の申し上げ様も御座無く、然も私何一つ孝養らしき孝養も尽くし得ざりしを遺憾の極みと慚愧仕り居り候　愈、任務を戴き、之ぞ吾人の使命を果すべき好機なりと欣快に堪へず　御両親様より御受けしたる此の身体と日頃の御薫陶を徒にはせじ　任務必達の精神に燃え、レイテ湾航空戦の華と散らんと覚悟仕り居り候
　屍は霧散せんも霊魂不滅　神國必勝を確信し
　御稜威に刃向ふ小米鬼を克服して以て聖慮を安んじ奉らん
母上様の十一月三日付の御手紙有難くお受け仕り候　松蔭先生の歌を思ひ浮かべ目頭熱くなり申し候　此の御手紙胸に抱き出陣仕るべく候
岡島、西岡をも共に、出陣致し度く遺憾と存じ候　さらば、御両親様御気丈に末永く　皇國の御為御奮闘致されます様蔭ながら御祈り申し上げ候

敬具

十一月二十日　貢

御両親様

山口縣護國神社

鎮座地　山口県山口市宮野下一九三二
御祭神　山口県出身の神霊　五二一一二六柱並に殉職自衛官四五柱
例祭日　四月二十九日　春季慰霊大祭
　　　　十一月三日　　秋季慰霊大祭

山口県における戦歿者慰霊の歴史は古く、奇兵隊殉難者を祀る「桜山神社」、七卿の一人錦小路頼徳命を祀る「赤妻神社」が元治元年に創建されたのにはじまり、県内に二十二の「招魂社」が創建され、殉難者の慰霊がなされてきた。「山口縣護國神社」は日清戦争以降、山口県出身の殉国の英霊を慰霊するために、明治三十六年防長靖献会を設立して、毎春現社地の南に隣接する桜畠練兵場で盛大なる招魂祭を斎行したことに始まる。昭和十四年、招魂社制度の整備により、県内一円を崇敬者区域とする「招魂社」を創建することとなり社殿の造営に着手、昭和十六年八月に竣工され、直ちに内務大臣より「山口縣護國神社」の指定を受けた。大東亜戦争終結後、「御霊神社」と改称したが、昭和二十七年の講和条約成立後は、「山口縣護國神社」へと復称。以来、英霊祭祀を厳修しつつ関係者の篤い尊崇をうけ、数次にわたる境内拡張整備、権殿、玉垣、鳥居の建設、「いさお館」の新築等を推進し、平成三年には御鎮座五十年式年祭が厳粛に斎行され、同七年には参集殿竣工・母子像建設が行われた。

山口県

滝原清命

大正10年1月15日生
昭和20年6月9日歿
満24歳
海軍軍属
名古屋市熱田区愛知航空機㈱にて戦死

手拭い

作業服（空襲時着用）

奉公袋

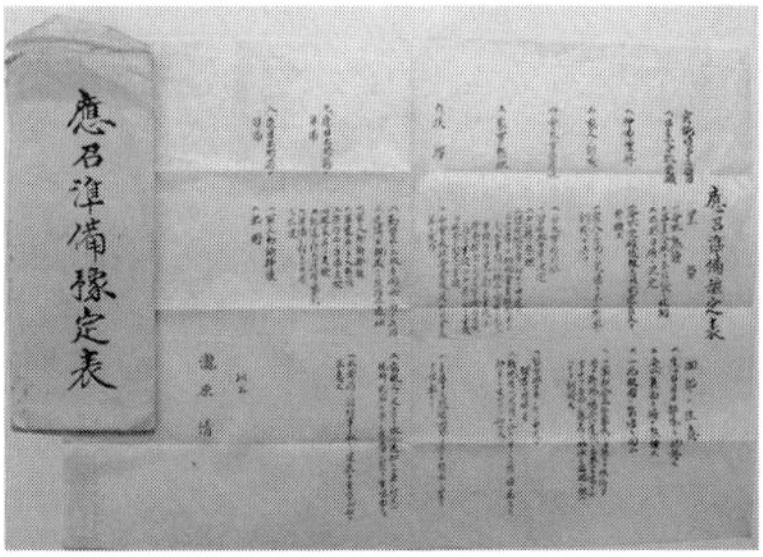

応召準備予定表

應召準備豫定表

実施順序及項目	業務	細部ノ注意
一、召集令状受領	一、令状熟読 二、召集令状ヲ奉公袋ニ収納 三、出発日時ノ決定	一、応召月日部隊ヲ記憶ス 二、令状裏面ヲ熟読ス
二、神佛礼拝	一、令状受領後報告且武運長久ヲ祈願ス	一、一死報国ノ覚悟ヲ固ム
三、家人ニ訓戒	一、家人ニ自己ノ覚悟ヲ示シ所要ノ訓戒ヲ与フ	一、一家和合出征家族ノ名誉ヲ保持シ特ニ戦死ノ場合ハ遺族ノ名誉ヲ傷付クル事ナク自己ノ意志ヲ継承シ君国ニ報ユベキヲ訓戒ス
四、会社事務引継	（中略）	
五、家事整理	㋑遺書㋺納税会費醵金等ニ関スル事項㋩物品貸借ニ関スル事項㋥営業ニ関スル事項㋭貯金預金ニ関スル事項㋬保険ニ関スル事項㋣戸籍ニ関スル事項㋠賜金ニ関スル事項	
六、挨拶	一、分会長並分会役員町内会長等ニ挨拶 二、勤務上ノ上級者同僚ニ対シ挨拶 三、近隣並親戚ヘノ挨拶及通知	一、手落ナキ様巡回路ヲ予メ計画シ置クコト必要ナリ 二、電報又ハ文書ニ依リ通知スル者ニ対スル住所氏名ヲ予メ準備シ置ク事必要ナリ
七、応召出発前ノ準備	一、軍人勅諭捧読 二、軍装品ノ手入整頓	一、出発前ノ諸行事ニ依リ健康ヲ害セザル如ク注意ス

（後略）

以上

瀧原　清

松江護國神社

鎮座地　島根県松江市殿町一―一五
御祭神　出雲地域、隠岐地域出身の神霊　二三二九二〇柱
例祭日　十月二十三日　例大祭

昭和十三年十月、多くの人々の献身的な奉仕と協力により、松江市殿町城山松江城地に社殿が創建され、「松江招魂社」と称された。昭和十四年三月に鎮座祭を斎行し、同年四月、官制に依り、「松江護國神社」と改称された。昭和二十一年十二月、終戦後の事情により「島根神社」と改称となったが、講和条約発効後、再び昭和二十八年十二月、「松江護國神社」と復称して今日に至っている。

戦歿者遺族、戦友、崇敬者の精神的拠りどころである護國神社奉斎は、戦後財政的危機を迎えた時期もあるが、遺族を中心として松江護國神社奉斎会、同奉賛会が結成、平成七年には松江護國神社崇敬会が設立され、英霊慰霊顕彰の祭祀が厳修されている。

昭和四十年五月九日　天皇皇后両陛下御親拝

島根県

大石尚士命

大正10年4月25日生
昭和20年7月20日歿
満24歳
陸軍中尉
ニューギニア島イリペンにて
戦死

大石尚士命は、父源治郎、母キヨの子八人（四男四女）の長男として出生。昭和十六年に長崎高等商業学校を卒業後、昭和十七年に満洲軽金属製造株式会社に就職が決まり、東京支店へ挨拶に行ったが、昭和十七年二月一日志願兵として、広島西部第十部隊（輜重兵第五聯隊第二中隊）へ入営した。

父母は尚士命のことについて「学業優秀、剣道二段、気は優しく、二男が身障者のため面倒をよく見てくれ、弟妹を可愛がる」とよく話していた。

昭和十七年、東京輜重兵学校へ入校し、同年十一月兵科甲種幹部候補生で卒業と同時に見習士官となる。

釣りが好きで、昭和十八年夏に帰省した際に、実家の側の江の川であゆ釣りを楽しんでいた姿は家族の思い出となっており、その後、母が長女と四男をつれて広島へ面会に行ったのが最後の別れとなった。

昭和十八年八月十日戦地志願により小隊長として出征、その後セブ島パラオ等各地を転戦し、昭和十九年一月八日ニューギニア島ウエワク地区ムッシュ島に上陸し、マダン各所を転戦した。

昭和十九年七月下旬アイタペ作戦に参加、後に材料廠に編入し教官

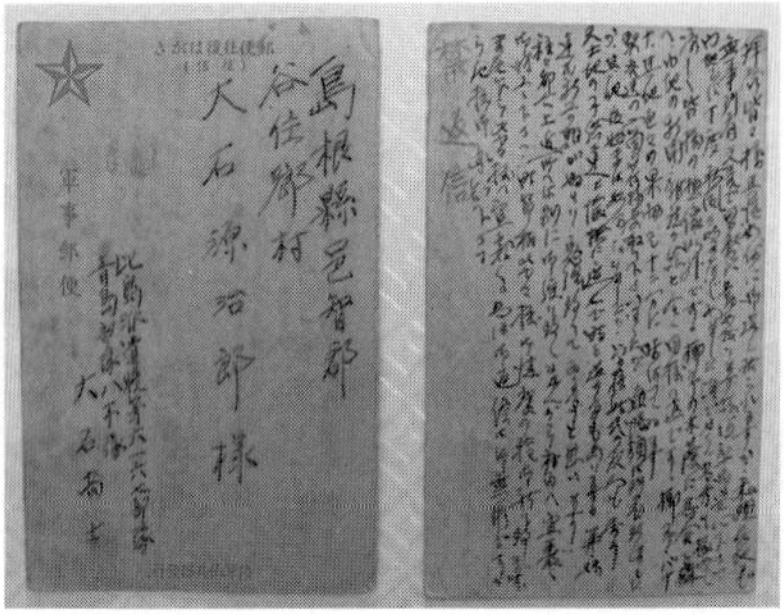

葉書（大石源治郎宛）

や通訳、兵器主任として兵器船舶等種々研究の結果、高射砲を改造し船舶に備え付け、その功績大なるを以て聯隊長野崎吉太郎大佐より金一封を賜り表彰を受けた。

昭和十九年十二月下旬、日本軍は自活態勢に入り、セピック川流域土人部落に入り共に生活もしていた。四月以降濠洲軍が討伐を開始し、カンバラマン、エッシヤ、マカッペ、ツマビュウ、ワラハオス、アゲチャユウ、イリペン等各地に転戦する。

昭和二十年七月二十日朝、敵の飛行機による攻撃約一時間半、迫撃砲よりの攻撃約一時間。後に機銃、自動小銃を有する敵約百名の攻撃により大石尚士小隊長以下十三名で反撃するも敵は後退せず、約一時間大石小隊長は自ら銃を持って率先し壕外に飛び上がり、部下を励ましつつ勇戦奮闘するも、遂に敵弾大石小隊長の頭部に命中し、七月二十日午後八時三十分イリペンにおいて戦死した。

濱田護國神社

鎮座地　島根県浜田市殿町一二三―一〇
御祭神　石見地方出身の神霊　二二九九七柱
例祭日　四月十一、十二日　例大祭

浜田城址には、明治三十一年七月、浜田歩兵第二十一聯隊が広島より移駐、以来招魂祭が斎行され、城山天守閣址地には明治三十二年建てられた忠魂碑が残っている。昭和の初めころより招魂社創建の声が挙がり、昭和十一年六月、県招魂社建立奉賛会のもと造営工事が始まり、昭和十三年十一月、竣工祭が行われた。昭和十四年、「濱田護國神社」となり、戦後一時「亀山神社」と社名を改称することを余儀なくされたが、昭和二十八年十二月、「濱田護國神社」と復称した。昭和四十四年に参拝者休憩所が竣工し、昭和六十二年には参道並境内整備工事が完成。平成二年、社務所、同三年には翼殿、石灯籠が建設された。

境内に建てられている碑・像の中に「木口小平像」がある。戦前修身教科書で「シンデモラッパヲクチカラハナシマセンデシタ」と称えられた木口小平命は、岡山県出身であるが、濱田護國神社に縁深い歩兵第二十一聯隊所属の喇叭手である。明治二十七年七月二十九日、日清戦争朝鮮成歓の戦いで突撃ラッパを吹いている時に敵弾を受け倒れた。ラッパが突然止んだために隊長が「ラッパはどうした?」と問うと、木口小平二等卒は銃を杖にして立ち上がりラッパを吹き続けた。敵陣地を占領した後、隊長は木口小平二等卒を捜し求めたが、そこにはラッパを吹いている姿勢のまま息絶えている姿があったという。

昭和五十七年十月五日　高松宮同妃両殿下御参拝

島根県

青木忠命

大正11年3月26日生
昭和20年6月1日歿
満23歳
陸軍伍長
ルソン島ブランカン州アックレイにて戦死

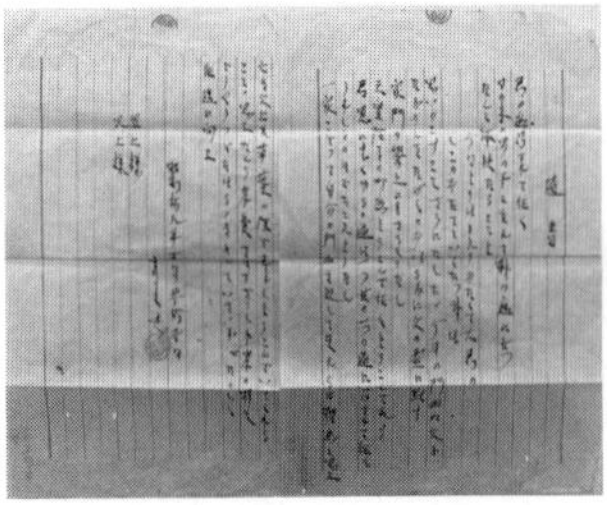

遺書（母・兄宛）

遺　書

君の為召されて征く。

日の本の男の子と生れて戦の庭に立つ。

なんと愉快なることよ。

今日よりはかへりみなくて大君の
しこのみたてといでたつ我は

思ひのこすことさらになし。ただ今日の門出に父がなかりしをなげくのみ。はるかに父の霊に黙す。

家門の誉之にまさるものなし。

天皇陛下の御為よろこんで征く、よろこんで死す。

君恩にむくゆるの道は一つ。其の一つの道に召されて征く。うれしさのほどたとへやうなし。

一家こぞって自分の門出を祝して呉れる勿体無いと思ふ。

亡き父上も草葉の陰でさぞかしよろこんでゐてくれることと思ふ。なんら孝養をなさざりし不孝の罪もどうやらつぐなはるるきがしていささかたのしく征途に向ふ。

昭和十九年五月三十一日

青木忠

母上様
兄上様

歩兵第21聯隊軍旗

歩兵第二一聯隊（島根県濱田）は日清戦争では朝鮮の仁川から上陸し、熾烈な戦いを展開。朝鮮成歓の戦いで戦死した「シンデモラッパヲクチカラハナシマセンデシタ」で有名な木口小平ラッパ卒が所属していた。支那事変で万里の長城に初めて日章旗を立てた部隊としても有名。

大東亜戦争終戦時、チモール諸島、アール島の島嶼守備隊をしていた歩兵第二一聯隊旗手川内彰陸軍中尉が軍旗を奉焼した際、一部を聯隊の御遺品として捧持し続けたものである。

鳥取縣護國神社

鎮座地　鳥取県鳥取市浜坂一三二八―五三
御祭神　鳥取県出身の神霊　二三四七七柱
例祭日　四月二十二日　例大祭（春）
　　　　九月二十二日　例大祭（秋）

明治元年十一月、鳥取藩主池田慶徳候が戊辰の役に従軍戦歿した鳥取藩士のため、古海操練場（現千代橋東詰付近）に祠を仮設し、祭ったのが始まりである。明治三年、鳥取市浜坂村代々山で招魂祭を執行し、本殿が建設された。廃藩置県後も旧藩主池田家が祭祀を行っていたが、明治八年、県に移管され「鳥取招魂社」と称した。明治三十年十一月には当社の拡張充実のため、「樗谿神社」附属地を選定し遷座祭を執行した。

大東亜戦争後、「因伯神社」と名称を変更したが、昭和二十七年一月、元の「鳥取縣護國神社」の名に戻り、昭和三十年三月、伊勢神宮別宮「倭姫宮」旧御正殿の譲与を受けて社殿を改築した。昭和四十九年五月に鳥取大砂丘を見はるかす景勝地である鳥取市浜坂の現在地に移転改築し今日に至り、平成十六年には浜坂移転三十周年記念事業として、社殿屋根葺替以下の整備がなされた。

昭和四十年五月十三日　天皇皇后両陛下御親拝

鳥取県

井上左馬二命

明治27年4月25日生
昭和20年3月17日歿
満50歳
海軍少将
硫黄島にて戦死

父の思い出（次男　祐次）

父はいわゆる転勤族であったが、私が小学生のころまでは父のひざの上に乗り、よく遊んでもらった記憶がある。

剣道好きだった父は、兄共々小学生に上がる前から稽古や形を教えてくれた。

大湊空では北方警備に兼ねて三沢空の建設を行い、大村空では艦爆、艦攻の搭乗員教育をしていた。両航空隊での冬・春・夏休みには航空隊の道場に通い、兵隊さんと一緒に稽古をつけてくれた。

また父は何処へ行くにも「では行って来る」の一言だけで出かけた。第一航空隊艦隊司令としてラバウルに行った時も全く知らなかった。

その折兄は陸軍予科士官学校の五十八期生で、私は父に連れられ朝霞まで面会に行った。たまたま講堂で兄が木銃のある形をした時、あすれば、こうすればと陸戦屋の厳しい顔や、優しい父親の顔を初めて見た様な気がした。

昭和十九年、私が中学二年の時に勤労奉仕を行うことになり、池子海軍火薬庫の防壁の下草刈や巡回道路の修理や構築に、また出征兵士の留守宅を中心に農作業を、箱根山の植林にと勤労したのである。横須賀海軍軍需部では戦地に送る物資の梱包作業をおこなった。ここにはいくつもの埠頭や入江があり、特攻艇「震洋」の訓練などをしていた。あるとき筒と車輪、板と車輪しか無い大砲とも付かぬ物がおかれていた。

それから勤労学徒動員令が発せられ、学業は全くなく海軍航空技術廠に動員された。この時期父は最後の内地勤務である百里原空におり、日曜日の休日には出来る限り逗子に帰宅していた。鎌倉の道場に行き、刀の試し斬りに立ち会ったり、また時には明治の歌を聞かせると歌っていた。また父の転勤の度に、恒例の相撲を行っていたのだが、私はついに父に勝ったのである。父は嬉しかったのか、二度と取り組むことが無くなった。

昭和十九年七月十五日、父はあの横須賀海軍軍需部の、あの埠頭からいつもの通り「では行って来る」と館山港に渡って行った。いつもと違うのは陸戦の戦闘服であり、叔父左馬太（海兵四十期）と母共々見送りに行った事である。

その日は逗子の鎮守亀ヶ岡神社が祭礼で、「幸先良し」と非常に喜んで行った。

翌二十年三月、硫黄島戦闘において戦死。父は当時の最先端であった航空隊を率いて、また陸戦では噴進砲を駆使して専門の砲戦に、地上戦にと全てを尽くして使命を全うした。

徳島縣護國神社

鎮座地　徳島県徳島市雑賀町東開二一―一
御祭神　徳島県出身の神霊　三四三六三柱並に殉職自衛官二三柱
例祭日　十一月二日　例大祭

明治十二年九月、徳島市眉山公園に招魂碑として創建されたのが始まりで、明治三十九年四月、徳島中央公園徳島城跡地に遷座移転された。昭和十三年十一月、「徳島縣招魂社」と社殿風に改築、昭和十四年四月、社号を「徳島縣護國神社」と改称。昭和二十年七月、徳島大空襲において社殿社務所を悉く焼失したが、昭和三十三年四月、県民挙げての奉賛により再建され、昭和五十三年には、御創社百周年記念として境内整備事業が完工し、昭和六十三年四月、御再建三十周年記念事業として社殿銅板葺替工事が行われた。

旧境内地は徳島市からの借地のため種々制約があり、神社将来にわたる祭祀の厳修と参拝者の便宜を図るため、移転用地を模索していたところ、平成十二年六月、徳島市雑賀町在住の篤志家より護國神社移転用地の寄進を受け、平成十五年九月、本殿・社務所参集殿の新築、拝殿・手水舎・慰霊碑及び境内諸施設の移設等を竣工した。正門の大鳥居は、石造りでは四国でも最大級の規模を誇る。

昭和四十二年六月六日　常陸宮同妃両殿下御参拝

徳島県

勝瀬役二郎命

明治45年2月3日生
昭和18年1月16日歿
満30歳
陸軍上等兵
東部ニューギニアにて戦死

勝瀬役二郎命は徳島の商家に生まれ、家業の醸造業（味噌・醤油）を営んでいたが、昭和十二年の支那事変に出征した。この時は出征兵士を送る会において、万歳万歳で送り出された。この兵役では武運長久、中支・台湾経由で無事帰還した。

昭和十六年夏、再び召集令状が届き、この出征は隠密行動で、誰一人見送る者もなく、ゆかた姿に下駄ばきで風呂敷包み一つ抱えて一人秘かに列車に乗った。これは大本営直轄覆面部隊の南海支隊要員で、徳島歩兵第一四三聯隊から高知歩兵第一四四聯隊に配属になった。

昭和十六年十一月末、南海支隊は坂出港を出港し、グァム、ラバウルを攻略し、続いて東部ニューギニアのポートモレスビー攻略を命ぜられ、イオリバイアまで至るもその後の補給が続かず撤退。北岸の上陸地点に至るが、すでに米軍の強力な陣地がしかれており、昭和十八年ギルワ付近で支隊長・副官が自決し日本軍八千名余が玉砕した。

アメリカ国防省の公式戦史には、「太平洋戦争」で一番手強い戦闘だった、と記録されている。

軍事郵便絵葉書（長男・章市宛、昭和十六年四月八日）

拝啓　章チヤン　マイニチゲ
ンキニ　ヨウチエンニイツ
テヰマスカ　マイニチ　オ
モシロイ　シヨウカヲ　ウ
タツテヰルデシヨウ
ネ　ゲンキナ　コエガ　キ
コエテクル　ヤウニ　オ
モイマス　カラダオダ
イジニシナサイ
　サヤウナラ

奉納名板

戦友像（遊就館展示）

香川縣護國神社

鎮座地　香川県善通寺市文京町四―五―五
御祭神　香川県出身の神霊　三六一一一柱
例祭日　五月五日　例祭
　　　　十一月五日　秋季大祭

明治十年、丸亀駐屯歩兵第十二聯隊附属地に「丸亀招魂社」を創設し、維新以来国事殉難者の霊を祀ったが、明治三十一年、陸軍第十一師団が当地に新編されたとき、偕行社内に戦歿将兵の霊を祀ることとなった。昭和十六年四月、現在地（文京町）に社殿を造営し「香川縣護國神社」と称した。昭和二十一年、社号を「讃岐宮」と改称、讃岐の国開発の先賢を奉斎していた先賢堂と四国乃木神社を境内に鎮座した。その後社号を「香川縣護國神社」と復称。昭和五十九年には、社殿を修復し、昭和六十一年には斎館、社務所、参集殿等の竣工記念大祭が執行されている。

出征した兵士が気にかけたことのひとつに、故郷のお米の作柄がある。新嘗祭には県下指定神耕田で稔った新穀がお供えされ、併せて茶道各流宗匠のお点前で

濃茶、薄茶が神前に奉奠される献茶祭が奉仕される。

又、境内には「史料館」がある。故郷を遠く離れた戦地から父母や妻の安否を気遣い、子の成長を祈る、そのような肉親に対する愛情溢るる手紙や遺書、軍服、あるいは所属部隊の戦闘の状況を記した書類などの遺品・史資料を通じて、我が国の歴史の真実を伝える館である。

昭和四十三年八月二十三日　三笠宮同妃両殿下御参拝

香川県

鹿田善之命

大正4年6月11日生
昭和18年7月30日歿
満28歳
海軍兵曹長
東部ニューギニア方面にて戦死

鹿田善之命は海軍兵学校を受験したが不合格となった。しかし翌年佐世保の海兵団に志願し、後に横須賀の砲術学校の教員となった。

昭和十六年二月横須賀勤務中に結婚し、九月に佐世保へ転勤になった。佐世保には既に軍艦が入港しておりそのまま出港。昭和十六年十二月にハワイ攻撃後に一旦呉軍港に帰港した。その後直ぐに佐世保鎮守府第五特別陸戦隊として、東部ニューギニアへ出征した。

妻喜美子さんは夫について、次のように回想している。

昭和十七年五月三日に長男が誕生しましたので、写真を戦地に送りました。

名前は、大東亜戦争の『東』を取って『東男（はるお）』と付ける様にとの手紙が届きました。戦死後に戦友の方の手紙により判りましたが、とても喜んでいたようです。遺留品の中に子供の写真が入っていましたので、写真は見ているので良かったと思いますが、一度も抱くこともできなかったことが、とても残念です。

昭和十六年二月の新婚当時、横須賀の海岸通りは塀が高く海岸の景色は見えないようにしてありました。街は海軍の水兵さんが大勢行き

和歌

来していたので、大変に驚きました。あの兵隊さんの足音などを思い
出すと、今でも涙が出てまいります。
「海のつわもの」
一、勇しく出港用意のラッパがひびき
何のみれんも残しやせぬ
水づくかばねとこの身を捨てて
今ぞのり出す太平洋
二、すみなれし母港よさらばと
見返える空に浮ぶ三浦の山や岡
椿さくかよあの大島を
越せば黒潮うずをまく
この歌声が今でも忘れることが出来ません。

愛媛縣護國神社

鎮座地　愛媛県松山市御幸一―四七六
御祭神　愛媛県出身の神霊　四九七二〇柱（含、自衛官　二八柱）
例祭日　四月九日、十日　春季慰霊大祭
　　　　十月九日、十日　秋季慰霊大祭

明治三十二年県内百八十八名の発起人により、「私祭招魂社」を創建（現松山東警察署地）し、大正二年新立町「多賀神社」の境内に移設した。爾来毎年三月十日（陸軍記念日）を春季大祭、秋季は元城北練兵場（愛大、日赤等地）にて盛大に「招魂祭」が昭和十四年現在地に御遷座申し上げるまで斎行された。同年「愛媛縣護國神社」と改称した。昭和二十年七月空襲によりほとんどが灰燼に帰したが、同二十六年から造営に着手、同三十年十月現社殿が竣功した。またこれより先郷土開発文化功労者を奉斎した。昭和六十三年御創立九十年「御鎮座五十年記念奉賛会」を設立、本殿、神門、手水舎等屋根銅板葺替を成し、平成二年天皇陛下御即位記念敬神婦人会設立、宝物殿建設、同十年御創立百年、御鎮座六十年祭を斎行し、記念事業として社務所の改築をなした。境内は松山城の東北に位置し、表参道は旧歩兵第二二聯隊城北練兵場に通じ、背後に御幸寺山を配して広壮な木造の社殿は四季の彩に映え、護國の英霊を鎮斎するに相応しいところである。境内には旧歩兵第二二聯隊営内に奉斎していた「忠霊社」があり、愛馬の像、忠魂碑、彰忠碑、警察官、消防団員殉職者碑、自衛隊員碑等二十基が建てられているほか、「遺族会館」、万葉苑、郷土植物園がある。

昭和二十八年十月　高松宮宣仁親王殿下御参拝、「護國」のご揮毫を奉納さる。
昭和四十一年四月　天皇皇后両陛下御親拝　　昭和四十九年七月　皇太子同妃両殿下御参拝
昭和五十年十月　常陸宮同妃両殿下御参拝

愛媛県

細川一命

昭和20年8月2日歿
海軍上等飛行兵
鳴門海峡阿那賀港西方にて戦死

兄の思い出（弟　孝三郎）

私達の家族は父が満洲で仕事をしていたため、子供は全員満洲で生れました。兄とは五歳離れていましたので遊んだり、勉強をしたりとの記憶はあまりありませんが、兄が新京商業中学校に入学し、ブラスバンド部に入り、クラリネットを吹いていたことや、大東亜戦争が勃発すると毎日戦闘帽をかぶり足にはゲートルを巻いて学校に行っていた事を記憶しています。

昭和二十年三月に卒業となり、新京大学を受験して合格しましたが、それと同時に予科練（甲十六期）を受けて合格していました。

昭和二十年四月、出征する兄は私に「自分はお国のために今から戦争に行く。両親のことは頼むぞ」と言い、そして「俺に会いたければ、靖國神社で会おう」が最後の言葉でした。

終戦後の昭和二十一年秋、両親と私は日本に帰国し、郷里の愛媛県に帰ったら兄の様子もわかるであろうと思い、会えることを楽しみにしていましたが、兄が昭和二十年八月二日、兵庫県淡路島鎧崎沖南海東部海面で戦死したことを知らされて、私達は落胆してしまいました。

戦死した時伯父（父の兄）が手紙を出したそうですが、戦況が激しく、輸送手段がないために私達の元へは到着しなかったのです。

兄は予科練で宝塚航空隊に勤務しており、戦局はますます日本に不利な状況のため、淡路島の陣地構築を志願し、和歌山から二隻の漁船に乗って出港の予定となっていました。二隻同時に出ると敵戦闘機に狙われるため、一隻ずつの出港予定で兄の乗った船は二隻目だったのですが、先に出た船が機関に故障を起し、引き返してきたのです。そのため兄の乗った船が先に出港し、湾を出たあと敵機に発見され爆撃を受けて船は沈没。泳いでいる所を機銃掃射で頭部を撃たれ戦死したとの事でした。

遺体は潮の流れで阿那賀港（鳴門海峡）に打ち上げられ、戦死する時みんなが「お母さん、お母さん」と母を呼びながら死んで行ったとのことです。今は阿那賀港の桜ヶ丘の慈母観音像前の共同墓地で、四十数名の同僚と共に郷里の愛媛県を望みながら眠っています。年令は十七歳でした。兄は優しく美男子でした。

終戦まであと十三日でしたが兄は自分の希望した予科練に入隊し、戦死したのですから本望だと思います。私は靖國神社へ参詣する時、兄に会えることの喜びを感じながら、しみじみと偲んでいます。

高知県護国神社

鎮座地　高知県高知市吸江二一三
御祭神　高知県出身の神霊並に高知県縁故者　四一七四〇柱
例祭日　四月一日、二日　春季慰霊大祭
　　　　十一月一日、二日　秋季慰霊大祭

明治元年十一月、土佐国主山内豊範公は、高知致道館で明治維新志士四天王の武市半平太命、坂本龍馬命、中岡慎太郎命、吉村寅太郎命を始め、東征の陣歿藩士一〇五柱の霊を招魂し、その神霊を永く鎮祭するため、現在の五台山大島岬の地を社域と定め、翌明治二年三月に建社の地名に因んで「大島岬神社」と称し、同年五月、社殿竣工と共に神霊を鎮座地に奉遷したものである。明治八年五月、「大島岬神社」は「招魂社」と改称、昭和十四年四月、「高知縣護國神社」と改称した。大東亜戦争後の昭和二十一年、社名を元の「大島岬神社」と改称したが、その後崇敬者多数の要望により昭和三十四年七月、再び「高知県護国神社」となった。その後昭和三十七年、維新志士百年大祭斎行。同四十四年、御創立百年記念大祭斎行、事業期成会発足。同四十六年濟美館新築竣工。平成に至っては五年、

社務所改築工事竣工など数々の祭典、事業を執行している。
境内には元満洲開拓民殉難者二千余柱を祀る「開拓神社」が鎮っている。

昭和五十三年五月二十日　天皇陛下御親拝

高知県

森赳命

明治27年4月25日生
昭和20年8月15日歿
満51歳
陸軍中将
近衛第1師団司令部にて公務死

父の思い出（長男　隆）

昭和二十年八月十五日、いわゆる八・一五事件で近衛師団長であった父森赳命は反乱軍の青年将校に殺害された。享年五十二、当時私は十歳であった。父についての思い出と言っても極めて少ない。物心がついてから父と一緒に暮らしたのは、幼稚園の時と小学二年の時の二年間だけである。それでもいささかの思い出はある。

父は熱心な仏教徒であった。当時東京品川の名刹東海禅寺の太田禅師（後に紫野大徳寺管長）に師事し、なにかと教えを受けていた。退役したあとは僧侶になるつもりで、太田管長のご配慮により大徳寺の末寺を頂くことも内々に決まっていたそうである。

あだ名は「和尚」。若禿げと老成した風貌などからであろう。暇があれば坐禅にいそしんでいた。たまに「横に坐って坐禅を組め」といわれたが、子供にそんなことが出来るわけもない。もじもじしていると気が散るのだろう「あっちへ行ってよい」と解放されたものである。

私を産んだ母は、幼い姉二人と私の三人の子を残して産褥熱で亡くなった。日頃あまり家庭の事にはかまわなかった父も、これは応えた

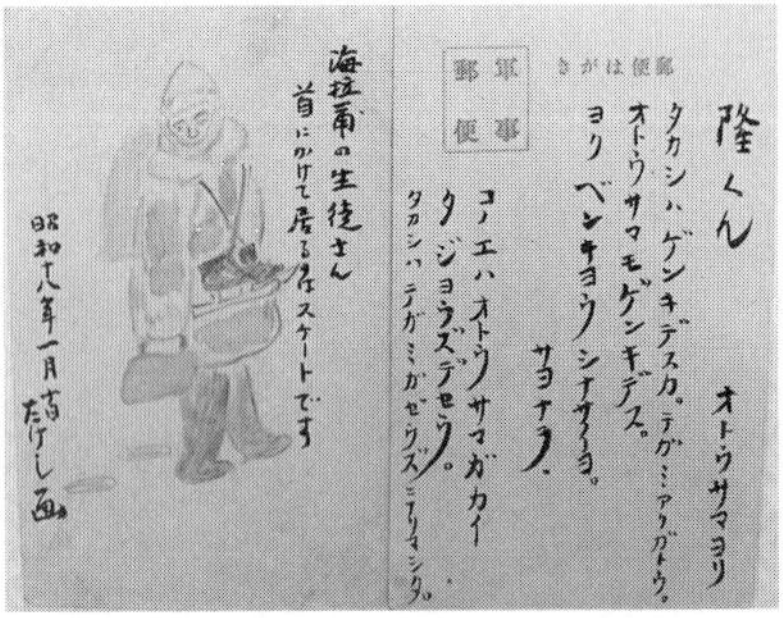

絵葉書（長男・隆宛）

ようである。父は子供たちを憐れんだのであろう、わりあい子煩悩だったように思う。満洲ハイラルに出征中には木の壷に入ったロシア飴を送ってくれたり、戦地から自筆で風景や花の絵を書いた絵手紙をそれぞれの子供たちに送ってきた。

父の思い出の少ない私たちにとっては、僅かな枚数ではあるが貴重な形見となっている。

福岡縣護國神社

鎮座地　福岡県福岡市中央区六本松一―一―一
御祭神　福岡県出身の神霊　一二九八二六柱
例祭日　五月三日、四日　春季大祭
　　　　十月第二月曜日及びその前日　秋季大祭

古くは元の大軍を撃滅した古戦場でもある福岡城外の福岡聯隊練兵場約五万三千坪を境内並びに外苑として払下げを受けて社殿を創建。内務大臣指定により「福岡縣護國神社」として昭和十八年四月三十日、鎮座祭が斎行された。しかし昭和二十年六月、惜しくも戦災により本殿以下一切の建造物を焼失、その後永く仮社殿で祭祀を続けてきたが、県民の至誠により昭和三十八年五月、現社殿の竣工をみることとなった。

春秋の大祭始め数々の祭儀が奉仕されているが、お盆の季節みたままつりには、遺族、崇敬者より数千に及ぶ献灯ボンボリの奉納があり、境内は幻想的な雰囲気につつまれる。

昭和四十九年八月二日　皇太子同妃両殿下御参拝

福岡県

平野誠命

大正13年1月28日生
昭和20年1月14日歿
満20歳
海軍大尉
台湾台南州にて戦死

スケッチ帳

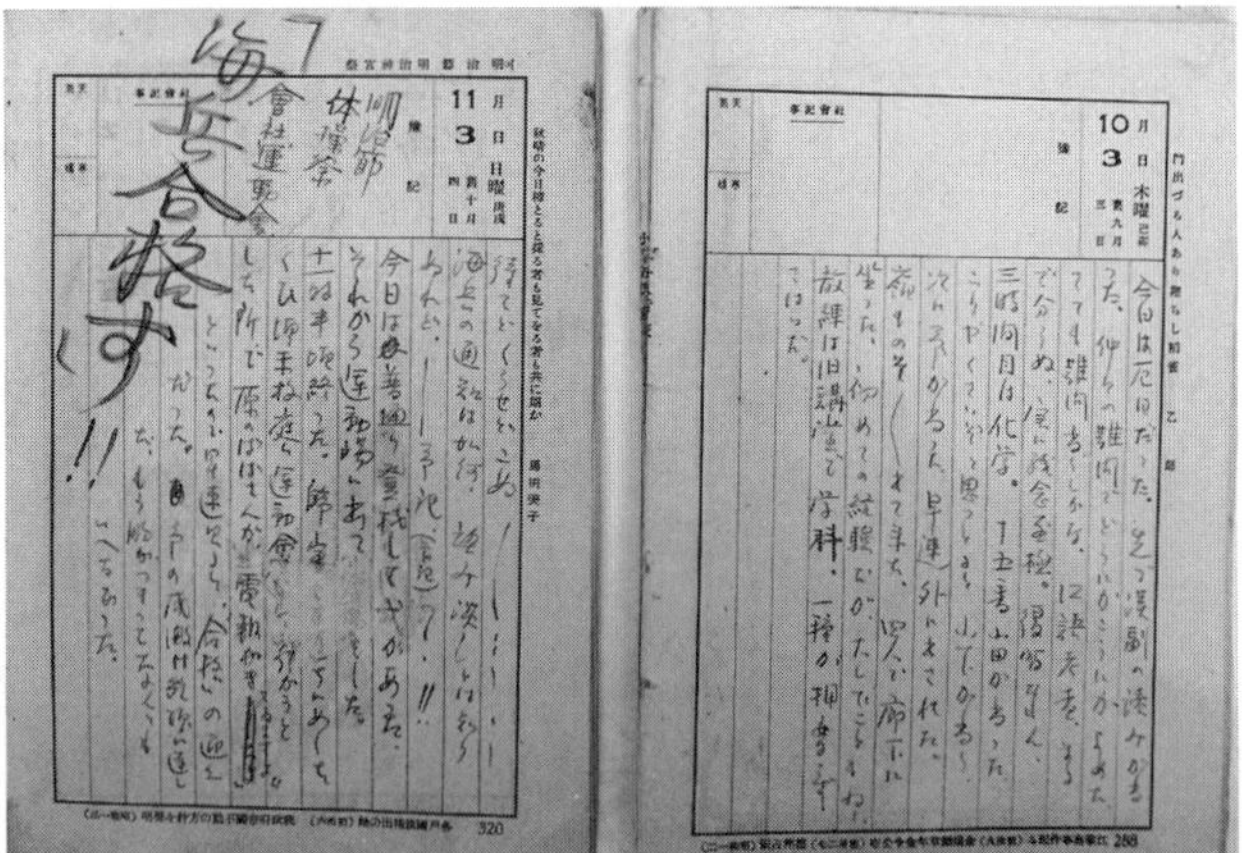

海軍兵学校合格までの日誌

スケッチ帳の自画像

詩「ふるさと」（雑記帳に記載）

ふるさと

ふるさとには　おもひでのにほひが
たくさんのこってゐる
ぼくは　ときをり
おもひでのにほひをかぎに行く

鈴木章弘詩集

初便り
梅の咲いてる　この窓で
兄への便り書いてゐる
兄は防人　南の
椰子の葉しげる
島にゐる
筆の運びは拙いが
まごころこめたこの便り
遠い海こえ
南の兄への便り　初便り

（「雑記帳」より抜粋）

佐賀縣護國神社

鎮座地　佐賀県佐賀市川原町八―一五
御祭神　佐賀県出身の神霊　三五五六六柱並に殉職自衛官三四柱
例祭日　四月十三日から十五日　春季例祭
　　　　十月十三日から十五日　秋季例祭

「佐賀縣護國神社」は戊辰の役に従軍殉国せし人々のために、明治三年、佐賀藩知事鍋島直大侯爵が創立にかかり、後、「官祭招魂社」の列に加えられた。佐賀の役以降大東亜戦争に至る迄の各戦役に忠死し畏くも「靖國神社」に奉斎せられたる神霊、三万五千五百余柱を奉祀する。昭和十四年四月、内務省令に基づき「佐賀縣護國神社」と改称した。昭和二十二年、社号は「肥前神社」と改称したが、昭和二十九年に「佐賀縣護國神社」に復称した。昭和三十八年、池田直知事が御改修奉賛会総裁となり社殿を改修。昭和四十五年には小原県議会議長が百年大祭奉賛会長となり大鳥居、神橋を建設し、御創建百年祭を斎行した。境内には「佐賀県傷痍軍人の碑」が建立され、御製が刻まれている。

昭和天皇御製　　昭和三十七年

国守ると身をきずつけし人びとのうへをしおもふ朝に夕に

今上陛下御製　　平成十年

国のため尽くさむとして戦に傷つけし人のうへを忘れず

昭和三十六年四月二十日　天皇皇后両陛下御親拝
昭和五十一年九月十八日　皇太子同妃両殿下御参拝

佐賀県

武田喜久雄命

明治44年7月21日生
昭和20年8月30日歿
満34歳
陸軍中佐
比島ホロ島にて戦病死

主人の思い出（妻　ミチ子）

主人武田喜久雄命がフィリピン・ホロ島にて戦病死しまして、早や六十年が経ちました。

振り返り考えてみますのには、永い月日でこれといって思い出すこともありませんが、井上少佐（主計）殿が私に便りを下さった中に、「武田参謀と私は一緒に戦い寝食をともにしていたのですが、同じテントの中で最後を遂げられたのが残念でなりません。シロマン山で埋葬する時、私も生きて帰るつもりはありませんでした。しかし生き長らえ武田参謀の帽子をかぶって帰って参りました」と記されており、ただ涙ながらにお礼状を出しました。

それから四十年たった頃、二女が東京在住の人と結婚をし、私も同居することとなり、井上様に一度お会いしてお礼が申したいと市役所に行ってお調べしたところ、恵比寿にお住まいであることが分かりました。

それからすぐにお伺い致しましたら、井上様は肺結核になられており、自分の一生を本にまとめられたものが出来上がっておりました。

戦闘帽

その本の中に「武田参謀は私とよく気があう人で、家族の写真をよく見られていました」「食べ物がなくムカデまで食べました」「帰国する際、武田参謀の帽子を何とかして祖国に持ち帰りたく思いました。終戦を迎え、武装解除後、武田参謀の帽子をかぶりマニラにおいてアメリカ軍の身体検査を受けた時、私は米兵が前から来たら帽子を後ろに隠し、後ろから来たら前に隠して持って帰りました」と書いてありました。

ほとんどの戦歿者遺族の方は、どのような状況で戦死されたのか分からないのに、と私は大変に有り難く思い、心から感謝の気持を込めて、それから毎年年末にはお礼を欠かせませんでした。

大分縣護國神社

鎮座地　大分県大分市大字牧松栄山一三七一
御祭神　大分県出身の神霊　四四四五一柱
例祭日　四月八日、九日　春季例祭
　　　　十月八日、九日　秋季例祭

明治七年十月、大分県初代県令森下景端は、佐賀の乱の際殉節した一四柱、勤皇の志士等の英霊を招魂し、慰霊顕彰のため官民の総意を体して神社創立を出願し設立の許可を得、翌明治八年に社殿が建てられ、鎮座祭が斎行された。同十八年、県民の奉賛と勤労奉仕により現社殿の大造営が完成し、遷座祭が執り行われた。以来、逐次社頭の整備が続けられ、昭和三十年、参集所、同三十一年には神楽殿が竣工、昭和四十五年、本殿、昭和四十八年には拝殿以下社殿の屋根葺替工事が竣工した。昭和五十九年には、創建百年記念行事として、神門・社務所・照今殿が竣工している。

社号は「招魂社」から昭和十四年に法令により「大分縣護國神社」と改称されたが、占領時には「豊霊宮」と称し、昭和二十七年に講和と共に「大分縣護國神社」に復称した。

英霊と桜は切っても切れないが、ここ大分縣護國神社では、染井吉野・八重桜がことのほか美事である。桜の開花時期になると、英霊鎮まる護國神社にはより一層多くの参拝者が訪れる。

昭和四十一年十月二十二日　天皇皇后両陛下御親拝
昭和五十二年九月十六日　皇太子同妃両殿下御参拝

大分県

福田義夫命

大正8年9月27日生
昭和26年3月19日歿
満31歳
陸軍大尉
ベトナム・サイゴンにて法務死

収監中の日記（最終部分）

18／3　日　晴（ルカ伝）

折に触れ、自己反省を余儀なくされてゐるが、人間といふものはえてして、私（エゴ）といふものに禍されてゐる為、自惚れの甚しい始末の悪いものであるといふことを泌々知らされてゐる。私の猛威は予想外に大きなものであり、あらゆる物事を自己の有利に解決しようとし、客観的に見て不正不義なる事も正当化せずんば已まずといふ状態である。

之は人間個人の心理状態に就いて云つてゐるのであるが、国家間の事柄にしろ最近の険悪な国際情勢の記事を読む度に人間間と同じやうな状態を見せつけられる様な気がする。

いろ〳〵な事を反省してゐる裡に私の性格の欠点として協調性に過ぎるが為に、善のみならず悪に対して迄も、協調して了ふと云ふ傾向のあるのを痛感せられる。良く云へば「清濁合せ飲む」とでも云はれるが、此の温情主義は東洋的色彩の濃いもので普遍的見地から見ると稍不完全の謗を免れない様に思はれる。日本の道徳の本体には正邪、

ノート（獄中より）

善悪以上に恥、名誉といふ事が強い色彩を帯びてゐると、いみじくも或る外国人は評してゐるが成程と首肯せられないものであり、他の第一次的要素を根幹に祭り上げる事は、物事の正鵠を欠いたものであり、客観的に普遍性のあるものでない事は明瞭である。

　私の過去を振り返って見ても、正義、善に対する熱意はありながらも、つい実情に捕はれたりして悪に対する非妥協の巍然たる態度に欠くる点なきにしもあらずの状態であった。正義、善を貫く態度は千万人と雖も我行かんの烈々たるものでなくてはならない。そして悪に対する非妥協の決意は断乎たるものでなくては為らぬ。と最近は痛切に感ぜられ、之れが実践に邁進すべく深く期する所がある。及ばす乍らも聖書の教ふる普遍的真理に準拠する時、正義に関する準縄を把握する事が出来るし、総て之れに基準を求むれば誤謬を犯したり、主観的錯誤、愚劣を犯す心配もないであらうと確信してゐる。それを自ら是と信ずる処は、決然たる態度を以て臨み、苟も悪に対して断乎として非妥協的態度で臨まねばならぬと思ってゐる。

長崎縣護國神社

鎮座地　長崎県長崎市城栄町四一―六七
御祭神　長崎県出身の神霊　六〇八一〇柱
例祭日　四月二十二日　春季例大祭
　　　　十月二十六日　秋季例大祭

明治二年十二月、初代長崎府知事沢宣嘉により、梅ヶ崎の地に社宇を創建し、戊辰戦役に戦死した四十三柱の英霊を祀り、「梅ヶ崎招魂社」と称した。また、台湾の役の戦歿者五百三十六柱を市内佐古の地に「招魂社」を創建し奉斎、これを「佐古招魂社」と称した。昭和十四年それぞれ「梅ヶ崎護國神社」「佐古護國神社」となった後、昭和十七年三月に両社合併し「長崎縣護國神社」と改称し、現鎮座地に奉遷された。しかし、昭和二十年八月九日の原爆投下により、本殿以下境内建造物は焼失してしまい、元梅ヶ崎招魂社跡に仮殿を営み祭祀を続けた。

昭和三十六年に長崎縣護國神社再建奉賛会が結成され、同三十八年十月に本殿遷座祭を執行し現在に至っている。

大祭、みたま祭を始めとする慰霊顕彰の祭儀はもちろんであるが、国民県民の幸せを願われる御祭神の御心を体し、神前では諸々の祈願参拝が奉仕されている。

昭和四十四年十月二十六日　天皇皇后両陛下御親拝

長崎県

住野英信命

大正11年11月3日生
昭和20年1月25日歿
満22歳
海軍少佐
フィリピン群島方面にて戦死

住野英信命は大正十一年上海に生まれ、長崎師範学校在学中に学徒出陣した。昭和二十年に神風特別攻撃隊第二七金剛隊隊長として部下を率い、レイテの海に散華した。

昭和十八年九月、三重航空隊に学鷲として入隊してから、十九年に南河の決戦場に飛立つまでの一年の不断の鍛錬の中に折にふれ精神修養として書かれた感想、短歌を『修養録』としてまとめた。短歌の文字にはどの一句にも凛々たる闘魂と透徹達観の赤誠が留められている。

大君に捧げまつりし我が生命今こそ捨つる時は来にけり
空征かば雲染む屍散りにても散つて甲斐ある今日のうれしき
今日ありて明日の命は知れぬ身に静かに虫の鳴く音きこゆる
風雲の幾日過ぎて梅咲けば母にぞ似てん手をぞ見にけり

『修養録』より

布告

神風特別攻撃隊第二十二金剛隊
第二〇一海軍航空隊附　海軍中尉　三宅輝彦
同　吉原普
同　廣田豊吉
神風特別攻撃隊第二十七金剛隊
戦闘第三一六飛行隊附　海軍二等飛行兵曹　黒澤厚
神風特別攻撃隊第二十三金剛隊～同第二十六金剛隊　（中略）
神風特別攻撃隊第二十八金剛隊　同第二十九金剛隊　（中略）
第二〇一海軍航空隊附　海軍中尉　住野英信
神風特別攻撃隊金剛隊トシテ昭和二十年一月六日、七日、九日及二十五日ノ四日ニ亘リ相続イテ勇躍出撃跳梁スル敵戦闘機並ニ熾烈ナル防禦砲火ヲ冒シ敵艦船ニ対シ必死必中ノ体当リ攻撃ヲ敢行シ克ク其ノ精華ヲ発揚シテ悠久ノ大義ニ殉ズ忠烈万世ニ燦タリ
右戦闘ニ於テ挙ゲタル戦果中確認シ得タルモノ左ノ如シ
一、一月六日第二十二金剛隊ハ「リンガエン」湾内在泊敵輸送船群ヲ攻撃シ輸送船四隻ヲ撃破炎上セシメタリ
二～六、（中略）
七、一月二十五日第二十七金剛隊ハ「リンガエン」湾内在泊敵艦船群ヲ攻撃シ艦種不詳（巡洋艦ノ算大）一隻ヲ轟沈セリ
仍テ茲ニ其ノ殊勲ヲ認メ全軍ニ布告ス
昭和二十年八月十二日
聯合艦隊司令長官　小澤治三郎

機密聯合艦隊布告（布）第151号

熊本縣護國神社

鎮座地　熊本県熊本市宮内三―一
御祭神　熊本県出身の神霊　六万五千余柱
例祭日　四月一日　春季例祭
　　　　十月十日　秋季例祭

明治二年二月、維新以来の殉国烈士の霊を篤く祭祀すべき勅旨を奉戴して藩主細川詔邦、細川護久により、花岡山に祠宇を創建し宮部鼎蔵命を始め百五十柱を祭祀したのを起源とする。明治七年に官祭招魂社となり、日露戦争後は藤崎台招魂祭場にて、毎年盛大な招魂祭が執行された。昭和十四年四月、内務省令により、「熊本縣護國神社」と改称。昭和十八年三月、熊本市黒髪町立田山麓に県民奉仕一万坪の敷地をつくり、壮大な社殿造営を着工したが、時に戦況緊迫して進捗せず、終戦により造営中止となった。昭和二十八年五月、立田山麓より現宮内（藤崎台招魂祭場跡）に造営敷地を変更。同三十年一月、熊本縣護國神社造営奉賛会設立、十月着工。同三十二年四月、社殿、社務所、手水舎、鳥居、社号標が竣工した。昭和四十八年には熊本県英霊顕彰館（遺品館）が落成した。

明治維新の理想は五箇条の御誓文に示された王政復古と文明開化であったが、富国強兵、殖産興業を急務とする我が国は、ともすると西欧文明偏重の風潮が強まった。そのような中、明治九年十月、熊本では「敬神党」と呼ばれた神官・旧士族を中心とする人々が欧風化政策に抗して挙兵、熊本鎮台を襲撃し、そして敗れた。この神風連の方々、西南戦争西郷軍熊本関係の方々も明治百年にあたる昭和四十三年に英霊追加合祀大祭斎行、合祀されている。

昭和三十五年十月二十四日　天皇皇后両陛下御親拝
昭和三十七年五月十二日　皇太子同妃両殿下御参拝

熊本県

豊永逸喜命

明治43年8月10日生
昭和14年12月31日歿
満29歳
陸軍歩兵准尉
支那・広西省山心付近にて戦死

父上様

愈々勇躍征途に就くの日が参りました。軍人と致しまして無上の光栄であります。思ふ存分働いて決して父上様の名をはづかしめません。唯今生も死も考へません。人事を尽して天命を待つの心であります。戦場に於きまして花と散る事は、軍人の本望で御座います。陛下に対しまして至上の忠義であります。これはとりもなほさず親孝行の最大のものであります。

逸喜名誉の戦死を致しましても決して御嘆き下さいませず、よく出かしたと喜んで御祝を致して下さい。征途に就くの日これと云ふ特別な事はありません。

父上様には御体に御注意あらせられまして十分長命あらせられる様、御祈り致します。

逸喜

征途に就く前夜　昭和十二年十二月十六日

父上様

母上様

明十七日蔵中を出発征途に就きます。

逸喜戦死の報を御受取りになりましても決して御歎下さいませぬ様願ひます。よくやったとほめてやつて下さい。

特に何と云つて申上げる事はありません。

老後を御大事に御暮らし下さいませ。

十二月十六日　　逸喜

母上様

正義
完
路子
貞子　さん

皆んな仲良く協力一致して御両親の命をよく守り、立派な日本人になってくれ。これが最後のたのみだ。

十二月十六日　　兄

宮崎縣護國神社

鎮座地　宮崎県宮崎市神宮二―四―三
御祭神　宮崎県出身の神霊　四一八一八柱並に公務殉職者五三柱
例祭日　四月十日　例大祭

県内には都城、高鍋等旧藩の諸地に「招魂社」が創立されていたが、県内全域の戦歿者を祀る「招魂社」は創立されていなかった。そこで宮崎県では、移設のできる小さな社殿を造り、毎年祭場を設営して県下全戦歿者の招魂祭を執り行ってきた。昭和十六年十二月、大東亜戦争の勃発により戦歿者の数が増加し、護國の英霊に対する県民の感謝と敬仰の念いよいよ深まり、その要望に応えるため、当時の知事をはじめ各界の代表者数十名が設立者となって宮崎縣護國神社建設奉賛会を組織した。昭和十八年四月、内務大臣の許可を得て宮崎市下北方の高台に鎮座地を定め建設工事に着手したが、昭和二十年八月、終戦を迎え、連合国の厳命により建設を放棄するの余儀なきに至った。

その後、講和条約の発効をみるに至り「護國神社」再建の要望が起り、昭和二十八年四月、宮崎縣護國神社再建奉賛会を組織して県民の浄財を募って再建に着手し、昭和三十年三月に竣工、鎮座祭を斎行した。その後、昭和五十五年、宮崎県戦歿者等慰霊奉賛基金造成奉賛会を発足させ、昭和五十八年には社務所兼授与所、遺品館等が竣工、平成の御代には、平成二年、御大典記念事業として御社殿屋根銅板葺替、同七年には終戦五十周年記念境内整備事業を完工させた。

昭和四十八年四月七日　天皇皇后両陛下御親拝
昭和五十二年九月十四日　皇太子同妃両殿下御参拝

宮崎県

押川正義命

昭和20年5月6日歿
海軍飛行兵曹長
沖縄周辺にて戦死

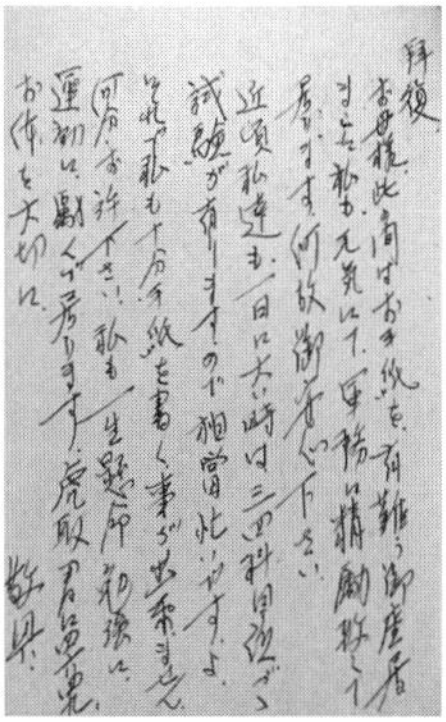

葉書（母宛）

拝復
お母様、此の間はお手紙を有難う御座居ました。私も元気にて軍務に精励致して居ります所故御安心下さい。
近頃私達も一日に多い時は三四科目位づつ試験が有りますので、相当忙しいですよ。それで私も十分手紙を書く事が出来ません。何分お許し下さい。私も一生懸命勉強に、運動に励んで居ります。虎取君に四六四九。お体を大切に。
敬具

御守

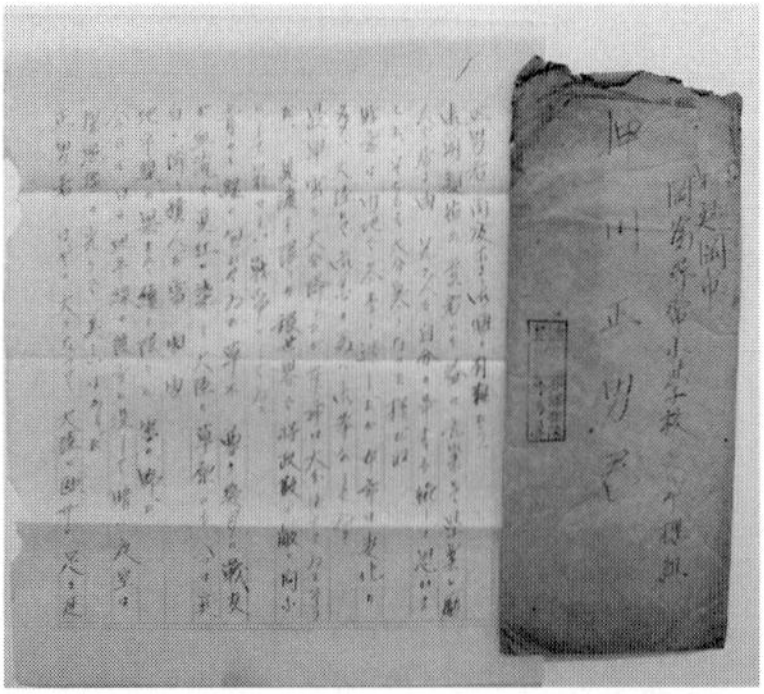

手紙（弟宛）

拝復　向寒の候

正男君先日は御便りを有難う。

朝夕大分冷気を感じさせられるね。土浦の方も大分冷さを感ずるよ。然し暑い寒いは、問題は無い。俺達はまだ毎朝裸で体操をやって居る。だからして体はますます丈夫に鍛へられて行く。俺も非常に元気で日日の訓練に邁進して居る安心し給へ。

延中からも相当陸士海兵に合格されて居る様だが、御前は自信満々の事と思ふ。試験のみにはかかはらないが、事前の準備が必要だ。まだ試験までには相当あるだらうからして、今の中にしっかり勉強し、体を作って置く事だ。かくして、人事をつくし天命を待つより外はない。

それから先般石井先生が出征なされたとの事だね。多分南の方だらうね。今会へなくても靖國の御社では合へる。俺が先に行くか、先生が先に行かれるかだけの話だ。

では当地のニュースの一端を掲よう。去る十一月十日に我々の楽しい筑波山行軍が行はれたよ。（中略）去る十一月十五日には隊内陸上競技が開催され、力戦奮闘しました。実に面白く愉快でした。（中略）

ではくれぐれも体に注意して身心の鍛錬につとめる様。

父母にもよろしく。

先づは返事かたがた御知らせまで。

敬具

十一月十六日

兄より

正男君

鹿児島縣護國神社

鎮座地　鹿児島県鹿児島市草牟田二―六〇―七
御祭神　鹿児島県出身の神霊　七七三四七柱並に殉職自衛官・警察官・消防官　二四六柱
例祭日　四月十三日　春季例祭
　　　　十月十三日　秋季例祭

明治元年、藩主島津忠義公は聖旨を奉じ鹿児島郡山ノ口馬場町に社殿を創建、藩主自ら詣で、戊辰の役殉難の士を祀り、「靖献霊社」と称した。その後、明治七年、官祭社に列せられ、翌年「鹿児島招魂社」となり、昭和十四年、「鹿児島縣護國神社」と改称、内務省指定神社となった。昭和二十年八月、終戦のために現鎮座地への造営九割完成の段階で中断。昭和二十二年には社号も「薩隅頌徳神社」と改称した。昭和二十三年に工事を再開、竣工し、遷座祭を斎行した。昭和二十八年に「鹿児島縣護國神社」に復称。その後、平成五年には、御創建百二十五周年記念事業として社殿の修復を行い、記念奉祝大祭を斎行。平成十一年には御創建百三十周年記念事業として、参集殿兼社務所を新築竣工させ、同年十月に今上陛下御即位十年、御創建百三十周年、御鎮座五十年記念大祭が斎行された。

昭和三十七年五月十日　皇太子同妃両殿下御参拝
昭和四十七年十月二十一日　天皇皇后両陛下御親拝

鹿児島県

古市靜命

明治45年3月29日生
昭和20年2月26日歿
満32歳
海軍上等機関兵曹

比島方面にて戦死

海軍ペンネント

満洲事変従軍記章

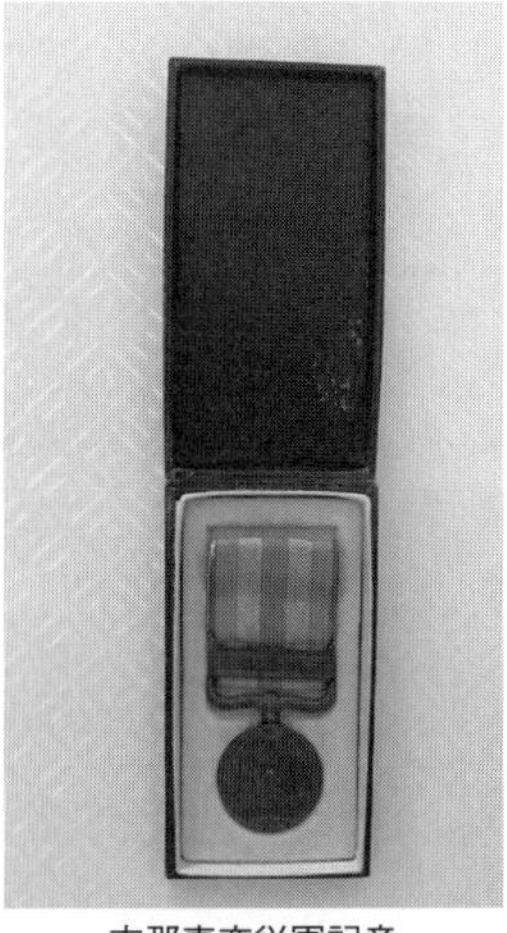

支那事変従軍記章

勲８等瑞鳳章

勲６等単光旭日章

記章

沖縄縣護國神社

鎮座地　沖縄県那覇市奥武山町四四
御祭神　沖縄県出身の神霊並に大東亜戦争沖縄方面作戦にて殉ぜられた軍人、文官、一般住民、遭難学童の神霊
一七八六九一柱
例祭日　四月二十三日　春季大祭
十月二十三日　秋季大祭

「沖縄縣護國神社」はもと「招魂社」と称し近代以降、国難に殉ぜられた英霊を奉斎し、昭和十五年七月一日、内務省令により指定護國神社となった。昭和二十年四月の米軍上陸作戦にて戦災を被り社殿を焼失した。昭和三十四年四月に仮社殿を竣工し、戦後第一回の春季大祭を斎行。昭和四十年十月に沖縄縣護國神社復興期成会の尽力により現在の本殿・拝殿が竣工し、同年十一月十九日、遷座祭、二十日・二十一日には昭和天皇から幣帛が御奉納され、北白川祥子様、神宮坊城大宮司、神社本庁佐々木統理、靖國神社筑波宮司夫妻、全国知事会代表木下大分県知事が参列され靖國神社池田権宮司外八名の神職により奉祝祭が斎行された。
沖縄縣護國神社の特徴のひとつは、本県出身軍人だけでなく、沖縄方面作戦に殉ぜられた軍人・軍属・戦いに尊い生命を捧げられた文官・住民・学童も合祀されていることがあげられる。また、昭和四十四年沖縄返還交渉奉告祭斎行、同四十七年の祖国復帰奉告慰霊大祭斎行などは戦後アメリカの占領支配下におかれた沖縄を「祖国日本」に復帰させよとの沖縄県民、日本国民の必死の祈りを象徴したものであろう。

昭和天皇御製　昭和六十二年

思はざる病となりぬ沖縄をたづねて果さむつとめありしを

今上天皇御製　平成五年

激しかりし戦場の跡眺むれば平らけき海その果てに見ゆ

沖縄県

伊舎堂用久命

大正9年6月12日生
昭和20年3月26日歿
満24歳
陸軍中佐
沖縄西南方洋上にて戦死

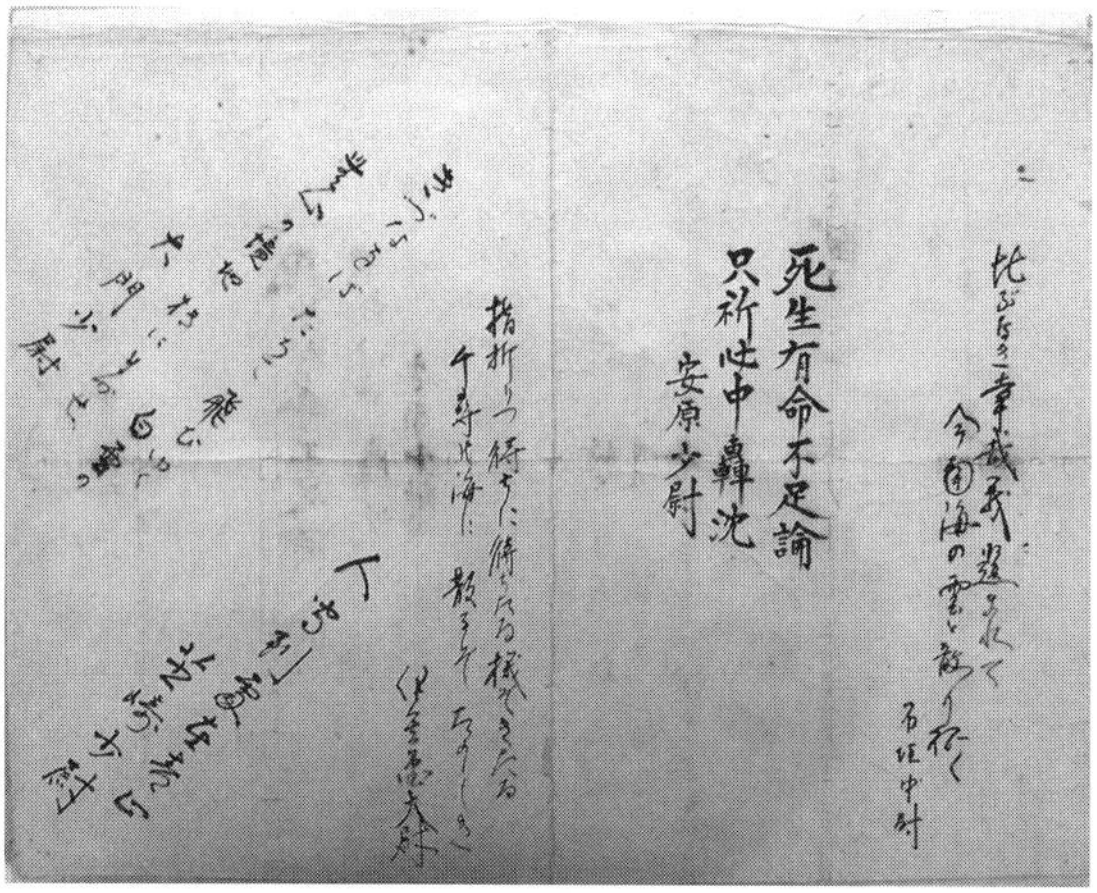

今南海の雲と散り行く
石垣中尉

死生有命不足論
只祈必中轟沈
安原少尉

指折りつ待ちに待ちたる機ぞ来たる
千尋の海に散るぞたのしき
伊舎堂大尉

寄書き

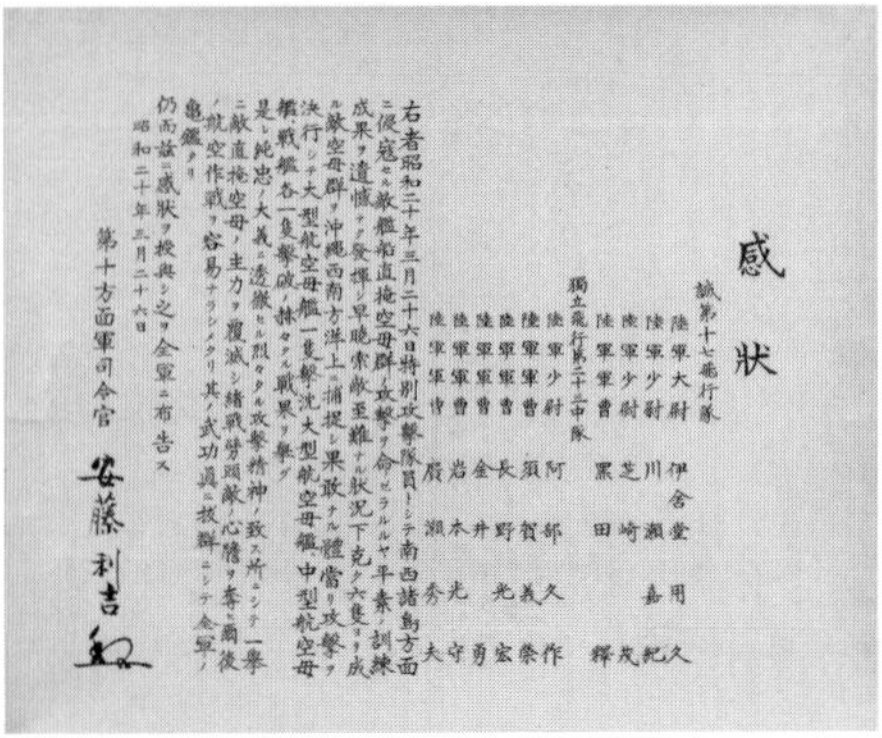

感状

感状

誠第十七飛行隊
陸軍大尉　伊舎堂用久
陸軍少尉　川瀬嘉紀
陸軍少尉　柴崎茂
陸軍軍曹　黒田釋
独立飛行第二十三中隊
陸軍少尉　阿部久作
陸軍軍曹　須賀義榮
陸軍軍曹　長野光宏
陸軍軍曹　金井勇
陸軍軍曹　岩本光守
陸軍軍曹　廣瀬秀夫

右者昭和二十年三月二十六日特別攻撃隊員トシテ南西諸島方面ニ侵寇セル敵艦船直掩空母群ノ攻撃ヲ命ゼラルルヤ平素ノ訓練成果ヲ遺憾ナク発揮シ早暁索敵至難ナル状況下克ク六隻ヨリ成ル敵空母群ヲ沖縄西南方洋上ニ捕捉シ果敢ナル体当リ攻撃ヲ決行シテ大型航空母艦一隻轟沈大型航空母艦中型航空母艦戦艦各一隻撃破ノ赫々タル戦果ヲ挙グ
是レ純忠ノ大義ニ透徹セル烈々タル攻撃精神ノ致ス所ニシテ一挙ニ敵直掩空母ノ主力ヲ覆滅シ緒戦劈頭敵ノ心胆ヲ奪ヒ爾後ノ航空作戦ヲ容易ナラシメタリ其ノ武功真ニ抜群ニシテ全軍ノ亀鑑タリ
仍而茲ニ感状ヲ授与シ之ヲ全軍ニ布告ス

昭和二十年三月二十六日

第十方面軍司令官　安藤利吉

神奈川縣護國神社

―横浜市慰霊塔―

鎮座地　神奈川県神奈川区三ツ沢西町三―一（三ツ沢公園内）

もともとこの地では神奈川県民の戦歿者に対する慰霊顕彰の祭祀が斎行されていたが、昭和十七年七月、横浜市三ツ沢西町に護國神社を創建する計画が内務省より許可され、「神奈川縣護國神社」社殿新築が始まった。工事は順調に進み昭和十八年十一月上棟祭を斎行、ところが鎮座祭を目前にした昭和二十年五月二十九日、横浜大空襲により社殿が焼失、竣工することなく終戦を迎えた。

戦後残された土地は横浜市に譲渡され、市は周辺民有地などの用地も確保し、三ツ沢公園として整備した。昭和二十七年、横浜市長平沼亮三氏は市民の願いと協力の下、神奈川縣護國神社跡地に横浜市慰霊塔を建立、西南戦争以来大東亜戦争に至る横浜市ゆかりの戦歿者二万余柱の神霊を奉安することとし、昭和二十八年三月には二基の塔と安置堂が竣工した。

左の塔は、先の大東亜戦争で失った大きな犠牲と破壊を表し、右の塔は、新生日本が将来に向かって発展する姿を表しているという。

神奈川県

阿部司郎命

大正12年7月4日生
昭和20年6月5日歿
満21歳
陸軍大尉
三重県紀伊長島町熊野灘沖合にて戦死

兄の思い出（弟妹たち）

兄阿部司郎命は大正十二年に八人兄弟姉妹の四男として生まれ、体も丈夫にすくすくと育ち、少年時代は腕白者で、近所の友達を引き連れて遊んでいました。旧制厚木中学に進学し、文武両道に優れていたようで、その頃から士官学校への道を目指していたようです。

昭和十九年の夏、兄は戦地へ行くところ盲腸炎になり、「一人取り残された」と看病に行った姉にもらし、その時から死は覚悟していたようです。

同年十一月、明野飛行場で教官をしていた兄への面会のため、父母と私の三人は、やっと手に入れた切符とお米を背負って行きました。兄は「飛燕」の搭乗員で、私たちに飛行機を見せてくれ、そして私に乗ってみるかと抱き上げて乗せてくれました。飛ばなくても、その頃は飛行機に乗れたということが大変嬉しかったものです。その後、兄を含めて四人で、伊勢神宮へ行き、平和を祈りました。

昭和二十年の四月八日、私は女学校の校庭で朝礼をしていると、五機位の飛行機が低空で何回も旋回して、北の方へ飛んでいきました。

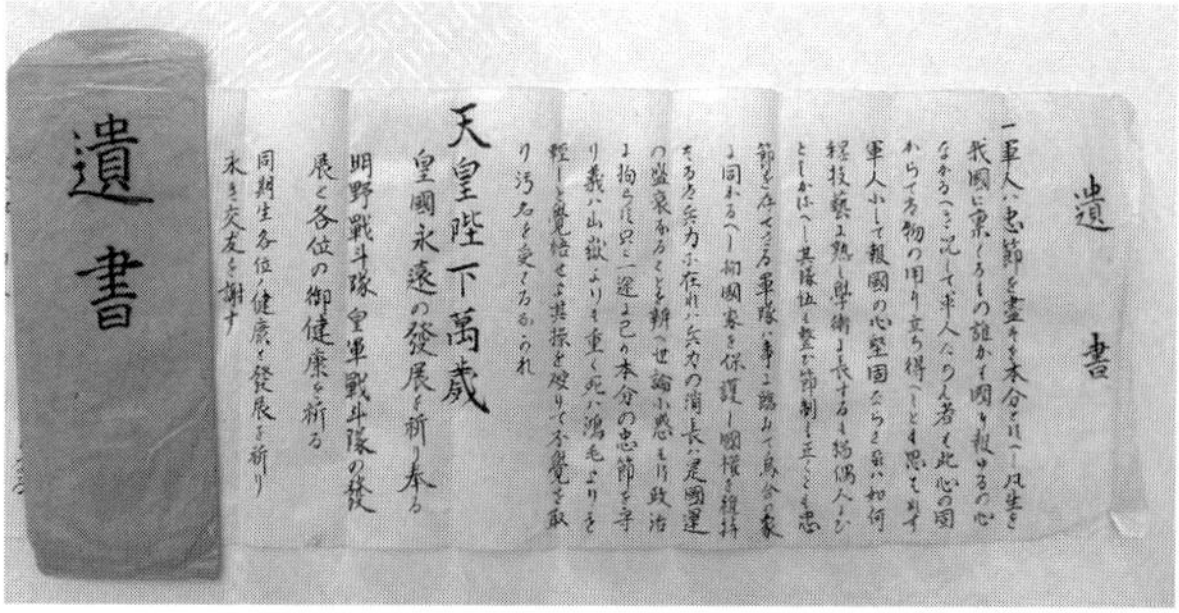
遺書

遺書

一軍人は忠節を盡すを本分とすへし凡生を
我國に稟くるもの誰かは國に報ゆるの心
なかるへき況して軍人たらん者は此心の固
からては物の用に立ち得へしとも思はれす
軍人にして報國の心堅固ならさるは如何
程技藝に熟し學術に長するも猶偶人にひ
としかるへし其隊伍も整ひ節制も正くとも忠
節を存せさる軍隊は事に臨みて烏合の衆
に同かるへし抑國家を保護し國權を維持
するは兵力に在れは兵力の消長は是國運
の盛衰なることを辨へ世論に惑はす政治
に拘らす只〻一途に己か本分の忠節を守
り義は山嶽よりも重く死は鴻毛よりも
輕しと覺悟せよ其操を破りて不覺を取
り汚名を受くるなかれ

天皇陛下萬歳
皇國永遠の發展を祈り奉る
明野戰斗隊 皇軍戰斗隊の發
展と各位の御健康を祈る
同期生各位の健康と發展を祈り
永き交友を謝す

遺書

家に帰ったら司郎兄がいて、調布飛行場へ飛行機を運んできたと言うのです。次の日、姉と町田駅まで送っていき、「元気でな」「さようなら」と言葉を交わしたのが、最後の別れとなりました。

終戦後でしたでしょうか、「三重県潮岬の六月五日の戦闘においてB29に体当たりせり」との公報が届き、父は初めて男泣きをし、私たちも「終戦までもう少しだったのに…」と一緒に泣きました。その後父は潮岬の先端へ行き、線香をあげてきたようです。私たちもそれぞれ潮岬が頭から離れず、家族旅行をした折に灯台の下の芝生をかけおりて白い花束を供え、安らかに眠れと祈ってきました。

そして五十八年もの歳月が過ぎた平成十五年、兄と戦友の日比様が紀伊長島町の「無名勇士の墓」に眠っており、地元の紀伊長島町の皆様に手厚くお守りいただいたことが判明し、大変な驚きと感動の中お参りさせて頂きました。

これを調べ上げて下さった皆々様の心温かい賜と深く感謝申し上げる次第です。これから先も日本に平和な時代が永く続くことを願い、兄のことを後世に伝えて行くつもりです。

全國護國神社一覧

平成十九年二月現在

会長　面山千岳（秋田縣護國神社宮司）
副会長　江種宏之（備後護國神社宮司）
副会長　田中光彦（宮城縣護國神社宮司）

全國護國神社會
〒一〇二―八二四六
東京都千代田区九段北三―一―一　靖國神社内

都道府県名	神社名	住所	電話番号
北海道	北海道護國神社	070-0901 旭川市花咲町一	〇一六六（五一）九一九一
北海道	札幌護國神社	064-0915 札幌市中央区南十五条西五―一―三	〇一一（五一一）五四二一
北海道	函館護國神社	040-0044 函館市青柳町九―二三	〇一三八（二三）〇九五〇
青森	青森縣護國神社	036-8356 弘前市大字下白銀町一―三	〇一七二（三二）〇〇三三
秋田	秋田縣護國神社	011-0939 秋田市寺内大畑五―三	〇一八（八四五）〇三三七
岩手	岩手護國神社	020-0872 盛岡市八幡町一三―二	〇一九（六五二）五二一一
山形	山形縣護國神社	990-0053 山形市薬師町二―八―七五	〇二三（六三一）五〇八六
宮城	宮城縣護國神社	980-0862 仙台市青葉区川内一	〇二二（二二三）七二五五
福島	福島縣護國神社	960-8025 福島市駒山一	〇二四（五三五）〇五一九
茨城	茨城縣護國神社	310-0912 水戸市見川一―二―一	〇二九（二四一）四七八一
栃木	栃木縣護國神社	320-0063 宇都宮市陽西町一―三七	〇二八（六二二）三一八〇
群馬	群馬縣護國神社	370-0867 高崎市乗附町二〇〇〇	〇二七（三二二）六三〇九

埼玉	埼玉縣護國神社	330-0803 さいたま市大宮区高鼻町三—一四九	〇四八（六四一）六〇七〇
千葉	千葉縣護國神社	260-0045 千葉市中央区弁天三—一六—一	〇四三（二五一）〇四八六
山梨	山梨縣護國神社	400-0013 甲府市岩窪町六〇八	〇五五（二五二）六三七一
静岡	靜岡縣護國神社	420-0821 静岡市葵区柚木三六六	〇五四（二六一）〇四三五
愛知	愛知縣護國神社	460-0001 名古屋市中区三の丸一—七—三	〇五二（二〇一）八〇七八
岐阜	岐阜護國神社	500-8002 岐阜市御手洗三九三	〇五八（二六四）四三二一
岐阜	濃飛護國神社	503-0887 大垣市郭町二—五五	〇五八四（七八）四〇四八
岐阜	飛騨護國神社	506-0837 高山市堀端町九〇	〇五七七（三二）〇二七四
長野	長野縣護國神社	390-0801 松本市美須々六—一	〇二六三（三六）一三七七
三重	三重縣護國神社	514-0006 津市広明町三八七	〇五九（二二六）二五五九
新潟	新潟縣護國神社	951-8101 新潟市西船見町字浜浦五九三三—三〇〇	〇二五（二二九）四三四五
富山	富山縣護國神社	930-0077 富山市磯部町一—一	〇七六（四二一）六九五七
石川	石川護國神社	920-0935 金沢市石引四—一八—一	〇七六（二二一）二一一〇
福井	福井縣護國神社	910-0016 福井市大宮二—一三—八	〇七七六（二二）五八七二
滋賀	滋賀縣護國神社	522-0001 彦根市尾末町一—五九	〇七四九（二二）〇八二二
京都	京都霊山護國神社	605-0861 京都市東山区清閑寺霊山町一	〇七五（五六一）七一二四
大阪	大阪護國神社	559-0015 大阪市住之江区南加賀屋一—一—七七	〇六（六六八一）二三七二
兵庫	兵庫縣神戸護國神社	657-0068 神戸市灘区篠原北町四—五—一	〇七八（八八二）一七〇〇
兵庫	兵庫縣姫路護國神社	670-0012 姫路市本町一一八	〇七九二（二四）〇八九六
奈良	奈良縣護國神社	630-8424 奈良市古市町一九八四	〇七四二（六一）二四六八
和歌山	和歌山縣護國神社	640-8146 和歌山市一番丁三	〇七三（四二五）二九一一

都道府県名	神社名	住所	電話番号
岡山	岡山縣護國神社	703-8272 岡山市奥市三—二一	〇八六（二七二）三〇一七
広島	備後護國神社	720-0061 福山市丸之内一—九—一	〇八四九（二二）一一八〇
広島	廣島護國神社	730-0011 広島市中区基町二一—二	〇八二（二二一）五五九〇
山口	山口縣護國神社	753-0011 山口市宮野下一九三二	〇八三（九二二）二〇二七
島根	松江護國神社	690-0887 松江市殿町一—一五	〇八五二（二一）二四五四
島根	濱田護國神社	697-0027 浜田市殿町一二三—一〇	〇八五五（二二）〇六七四
鳥取	鳥取縣護國神社	680-0001 鳥取市浜坂一三一八—五三	〇八五七（二二）四四二八
徳島	徳島縣護國神社	770-8021 徳島市雑賀町東開二一—一	〇八八（六六九）三〇九〇
香川	香川縣護國神社	765-0013 善通寺市文京町四—五—五	〇八七七（六二）〇〇四八
愛媛	愛媛縣護國神社	790-0824 松山市御幸一—四七六	〇八九（九二五）二三五三
高知	高知県護国神社	781-8126 高知市吸江二一三	〇八八（八八二）二七六〇
福岡	福岡縣護國神社	810-0044 福岡市中央区六本松一—一—一	〇九二（七四一）二五五五
佐賀	佐賀縣護國神社	840-0843 佐賀市川原町八—一五	〇九五二（二三）三五九三
大分	大分縣護國神社	870-0925 大分市大字牧松栄山一三七一	〇九七（五五八）三〇九六
長崎	長崎縣護國神社	852-8034 長崎市城栄町四一—六七	〇九五八（四四）三三二一
熊本	熊本縣護國神社	860-0005 熊本市宮内三—一	〇九六（三五二）六三五三
宮崎	宮崎縣護國神社	880-0053 宮崎市神宮二—四—三	〇九八五（二五）二七一九
鹿児島	鹿児島縣護國神社	890-0014 鹿児島市草牟田二—六〇—七	〇九九（二二六）七〇三〇
沖縄	沖縄縣護國神社	900-0026 那覇市奥武山町四四	〇九八（八五七）二七九八

神霊安かれ

［自由記述ノートより］

※芳名は掲載にあたりイニシャル表記とした

護国の英霊に対し、心より感謝申し上げます。靖國神社をお護りすることは当然ではありますが、全国各地の護國神社も皆々でお護りしていかなくてはなりません。

S・Y

全国に護國神社があることを知りませんでした。しかし辛い戦争の事を考えると、全国の護國神社も守っていくべきだと思います。

I・R

各地の護國神社を見られて有意義でした。しかし、各県・聯隊ごとに創建された護國神社はなんとか守られているものの、各町・村ごとに創建された、ここで展示されているものより小規模な護國神社は、その存在すら忘れられたもの、荒れ放題のものもあると以前聞きました。是非、それらの「護國神社」も取り上げてもらいたく思います。

無記名

英霊方の若いお顔を拝していると、写真を通じて我々に微笑みかけてくるように感じられました。それがいつしか大学で接している学生たちに重ねられてもきました。現在、もし彼らが逝くという事があったら、教員として自分は耐えられるであろうかと思いめぐらしました。先輩や後輩、それに無二の親友を実際に喪った往時の人々の身の上を考えると息も詰まる気分がします。それだけに幾百万の若者が祀られている靖國神社をどうしても護っていかなければならないとの思いを強くしました。

M・A

僕は今日から大学生になる。これから色々苦しい事、つらい事、悲しい事があると思う。だけど、戦争で戦った人々を思い出すと、常に感謝の意を忘れず、愛国心とともにこの日本に誇りを持って生きていこうと思う。軍人さんたち、本当にありがとうございました。

無記名

遊就館の展示を戦争美化だの軍国主義だのと批判する声もあるが、まるでピント外れの批判だとここに来て確信した。賛美しているのは、その時代戦った兵隊さんのあまりにも純粋な「心」だ。故郷に帰ったら護國神社にも参拝して来ようと思う。

無記名

護國神社それは靖國神社へとつながる大切なものであります。原爆という洗礼を受けた日本は、特に二度と戦争のないことを祈るための神社であり、世界の平和を祈りたいものです。我々が今日あるのも戦死した方々の賜物と心から深謝し敬意を表し、これからも祈って行きたいと思いました。古い伝統歴史国土を守ってくれてありがとう。

埼玉県　S・T

「故郷の護國神社展」ゆっくり見させていただきました。国のため命を捧げられた英霊のお心を数々の書かれたもので、こまごまと知り、読ませていただきながら涙がとまりませんでした。私の叔父も靖國神社に祀られています。同じ心で戦死されたと思います。今更ながら感謝の心で一杯ですが、私も今年で七十六歳です。命ある限り靖國神社におまいりして、生きて行こうと決心しました。

S

父が戦死しましたが、父の顔は知りません。靖國神社参拝させていただき、父に逢えた様で涙がこみあげてきます。多くの戦死者の方々の最後を無駄にしない様生きなければいけないと思います。ありがとう。

佐世保市　I・T（六十三歳）

一度来てみたいと思っていました。この特別展を二十代の人にもっと見てほしい。私も二十一だけど、この戦死された方の気持ちを思うと一生懸命行きようと思った。涙が出ました。

無記名

初めて参拝しました。海外赴任手続きの待ち時間で訪ねました。日本を出る前に来て良かったです。日本人の誇り、勇気を授かりました。現地でも頑張ります。

無記名

私は二十七歳になります。周りからは「まだ若い」とよくいわれます。たしかに精神的にも若いと思います。しかし戦争では私くらい、そしてそれより下の年令の方々が確固たる精神で敵に向かっていきました。私には、とうていできないことです。はずかしいです。故郷を守るために戦って下さったおかげで私はその故郷で子孫としてしあわせにくらしています。くにを守ることはほこりです。私もこのしあわせに感謝して、このしあわせを子孫に残してあげたいです。もっと勉強します。

無記名

私は二十八歳の男です。戦地に赴き、志半ばで命を落とした兵士の手記を読んで自分がこの立場であったらどのような心境でこの文を書いたのか思いもよりません。文面からあふれる愛する者に対しての思いに接して、ふと私も愛する者のために何か尽力できるのかと痛切に感じました。

無記名

昔の人はとにかく字がきれいで美しい。覚悟がちがうのだろう。今回の展示で日本全国にこんなに沢山の護國神社があることを初めて知りました。これらは勝手に残っていくものではなく、今後の日本人の手で守って残していかなくてはならないものです。自分には何ができるのかなと思います。

公務員　**無記名**（三十三歳）

「護國神社」が存在していた事は知っていたものの存在の意義、大切さということを改めて痛感させられた。故郷に帰った際に、また近くを通りかかった際はお参りしたいと思います。

元陸上自衛官　F・D

戦争を肯定するつもりはありません。ただ、日本を守るため家族を守るために戦った先人がいることは誇りに思います。それを否定しようとすることは馬鹿げています。その先人たちのおかげで今の日本があるのです。その先人たちが眠る神社を守っていくことは、日本人として当然のことです。

無記名　男（二十七歳）

解説

靖國神社と護國神社について

國學院大學教授　大原　康男

英霊祭祀のはじまり

よく知られているように、靖國神社の前身は東京招魂社である。明治元年（一八六八）四月二十八日、東征大総督有栖川宮熾仁《ありすがわのみやたるひと》親王は戊辰《ぼしん》戦役の陣歿者のために招魂祭を行うことを令せられ、六月二日、江戸城西の丸の大広間において盛大な祭典が営まれた。これに先立つ五月十日、太政官は嘉永六年（一八五三）のペルリ率いる黒船来航以来、国の危機を憂え、国事に奔走して非命に斃《たお》れた殉国の士と、鳥羽・伏見の戦い以降の戦歿者を慰霊するために、京都東山に祠宇を建てて永くその忠節を顕彰する旨の二つの布告を発したが、翌二年六月に至って大村益次郎らの建議によって東京に全国的規模の招魂社を建立することに方針が変更された。同月十九日に社殿造営に着工し、二十七日に竣工、二十九日に最初の祭典を行ったのである。一ヶ月足らずのごく短期間のことであった。

それからちょうど十年たった明治十二年（一八七九）六月四日に東京招魂社は靖國神社と改称し、別格官幣社に列格された。別格官幣社は、楠木正成をご祭神とする湊川神社に代表されるように、皇室や国家のために偉勲を残した人々を祀る神社で、近代になって定められた社格としては官幣小社に相当する。当初、内務・陸軍・海軍の三省の共同所管とされたが、後に内務省が離れ、陸海軍両省の所管となり、以後、そのまま終戦に至る。伊勢神宮以下の他の神社がすべて内務省の所管であったのとは対照的である。

先記したように、最初の合祀は戊辰戦役の陣歿者であったが、次いで佐賀の変、台湾出兵、江華島事件、神風連・萩・秋月の変から西南戦争に至る内外の事変・戦役に関わる死歿者が合祀され、さらにペルリ来航以来の国事殉難者（吉田松陰・橋本左内・坂本龍馬など）も合祀されるようになった。以後、もっぱら日清・日露戦争から大東亜戦争に至る対外戦争・事変の戦死・戦病死・戦傷死・公務殉難者をその都度合祀し、文字通り全国的・総合的な英霊祭祀施設となったのである。

靖國神社に対して皇室は破格の殊遇を示されてきた。天皇陛下が毎年あるいは六年ないし十年に一回、勅使（天皇陛下のお使いで幣物を捧げ、祭文を奏する）を差遣される重要な神社を勅祭社と称するが、一年に三回遣わされる伊勢神宮は別格として、橿原神宮や明治神宮のような官幣大社でさえ年一回であるのに対し、別格官幣社に過ぎない靖國神社に対して毎年春秋の例大祭に都合二回も差遣されることによっても窺われよう。また、天皇陛下ご親拝もしばしばなされてきた。

護國神社の創建

一方、靖國神社とも関係の深い護國神社は、幕末から明治初年にかけて主として各藩が藩出身の殉難者や戦歿者を祀るために設けた地方招魂社が起源である。廃藩置県の後は政府が官費で維持・管理することになり、祭祀料・修繕料が国から支給され、招魂社明細帳が作られ、受持神官を置いて祭祀その他一切の業務を取り扱わせた。

また、地方招魂社のご祭神には戦歿者だけでなく、平時の死歿者も含まれていて区々であったため、当該地方出身の靖國神社のご祭神と共通するようにするなど、祭神合祀の条件の統一も漸次整備されていったが、制度が全面的に整えられたのはかなり遅く、昭和十四年（一九三九）の護國神社制度の発足を待たねばならなかった。

同年三月十五日、招魂社は護國神社と改称され、社名・祭神・祭祀などについて詳細な規定が設けられて面目を一新する。社格は従来通り付さないとされていたが、実際上は「内務大臣ノ指定セル護國神社」（指定護國神社　終戦まで五十一社を数える）は府県社（道府県を崇敬境域とする神社）、「其ノ他ノ神社」（指定外護國神社）は村社（村を崇敬境域とする神社）と同等の取り扱いを受けることになった。

前者に合祀すべきご祭神の範囲は神社所在の道府県一円の区域とし、一府県一社を原則とするが、特別の事情のある府県については複数の神社を指定する場合もあった。概ねそれは聯隊区（徴兵制の下で兵員を徴集するために設けられた特別の行政区域）の関係によるもので、たとえば、島根県には松江・濱田の両護國神社、広島県には廣島・福山の両護國神社が指定されたようにである。社名に道府県名を冠することができるのは、この種のものに限られる。

もっとも、東京には靖國神社があるので、それとは別に護國神社が建てられることはなかったし、神奈川県護國神社はご鎮座直前に戦災に遭って焼失したまま終戦を迎えたため、存在しない。

後者に合祀すべきご祭神の範囲は従前の崇敬区域たるものとした。そして指定・指定外とを問わず、いずれも所管は招魂社時代と変わらず内務省である。

占領下の危機的状況

ところが、昭和二十年（一九四五）八月、日本が大東亜戦争に敗れたことによって、靖國神社と護國神社は未曾有の危機に見舞われた。米国を中心とする連合国軍総司令部（ＧＨＱ）は、連合国に対する脅威の源泉と見做《みな》した「軍国主義・国家主義」イデオロギーの排除を精力的に推し進め、同年十二月十五日、その主要な発源とされたいわゆる「国家神道」の廃止を目的とする「神道指令」を発した。その結果、神社は明治以来続いてきた国家とのすべての関係を絶たれることになったのだが、その中でも彼らから最も危険視されたのが戦歿者を祀る靖國神社と護國神社だったのである。

もちろん、ポツダム宣言では「信教の自由」が保障され、靖國神社も護國神社も民間の宗教法人として再出発していたので、やみくもに閉鎖・破壊を命ずることは憚《はばか》られたらしいが、他の宗教団体、いや他の神社と比較しても非常に厳しい差別的な処遇が占領末期まで続いた。たとえば、崇敬者が自発的に神社に献金することや、戦災によって焼失ないし損傷した社殿を復興することもしばらく見合わせられたことがあったし、国公立学校の児童生徒が社会科の学習のために神社や寺院を見学することも靖國神社・護國神社には認められなかった。

なかでも深刻だったのは、いわゆる国有社寺境内地問題である。国有社寺境内地とは明治四年（一八七一）の上地令《じょうちれい》によって古くから認められてきた社寺領をことごとく国有地に編入した上で、そのうちの一部を無償で貸与して、従来通り使用することを容認した制度である。当時、議会で審議中であった憲法改正案では「公金その他公の財産」を「宗教上の組織若しくは団体」の使用・便益などのために「支出し、又はその利用」に供することを禁止していたので（現憲法八十九条）、これまでの国と神社・寺院間の財産上の特殊な関係を抜本的に整理する必要が生じ、該当する神社や寺院に国有境内地を無償ないし有償で譲与することになったが、「軍国的神社《ミリタリー・シュライン》」と名指された靖國神社・護國神社にはこれを適用しないとされたのである。対日講和条約が締結された直後の昭和二十六年（一九五一）九月十二日に至って、この留保が解除されたとはいえ、何年もの間、宗教法人としての存立に不可欠の財産である境内地の取得ができないという不安定な状態が続いた。

　このように、多方面にわたって厳しい処遇を受けてきた中で、少々意外に思われるかもしれないが、実はＧＨＱは靖國神社よりも護國神社の方に険しい目を向けていたのである。その理由の一つは、護國神社の制度的整備が国家総動員体制が確立されつつあった時期になされたことにあるようだが、たとえば、それは靖國神社には求められなかった社名の変更がなされたことにも現われている。「護國神社」という名称は一切使わず、所在地名のみを付したもの（北海道護國神社⇒北海道神社）、旧国名を用いたもの（福山護國神社⇒備後神社）、古称に因んだもの（長野縣護國神社⇒美須々宮）など多様である（占領終結後には旧に復した）。

　なし得るならば、閉鎖に追い込みたいと最後まで考えていたであろうＧＨＱの執拗な施策を前にして、結局のところ、靖國神社・護國神社が致命的な後遺症を残すことなくその本質を守り通すことができたのは、何よりも遺族や戦友を中心とした一般国民の神社存続を願う強い要望を無視できなかったからである。六年八ヶ月におよぶ〝逆風の時代〟に神社護持のため苦闘した先人たちの努力を決して忘れてはなるまい。

人を神として祀ること

ところで、靖國神社・護國神社の祭祀をふつう「英霊祭祀」と呼ぶが、「英霊祭祀」は人を神として祀る日本人の信仰の一つの現れである。一般に人が死んだ後に神として祀るケースには大きく分けて二通りあると言われる。一つは生前に深い怨みを抱いて死んだ人間の霊が祟って大きな災厄がもたらされるのを恐れ、これを鎮め、その強大な霊力を善や福に転ずるよう働きかけるために祀る場合であり、もう一つは、そうではなく、生前にさまざまな面で卓越した事蹟を残した人の威徳を称え、その加護を願って祀る場合である。

前者はふつう御霊《ごりょう》信仰と呼ばれ、熾烈な政争や戦闘での敗者、一揆の首謀者など非業の死を遂げた人々への強い畏怖の念から生れたもので、その代表的な例が藤原氏の讒言《ざんげん》によって大宰府に流され、その地で果てた菅原道眞《みちざね》の霊を祀る北野天満宮である（もっとも、道眞の怨霊神としての性格は時とともに薄れて行き、今日では広く学問の神として崇敬されているのは周知の通り）。

後者の嚆矢《こうし》が豊臣秀吉を祀った豊国大明神であり、それに続くのが東照大権現となった徳川家康である。その後、大名の家でも藩祖を祀る風が広まり、また、善政を行った代官や庄屋、あるいは地域のために尽力した義民などを神社に祀ることが全国各地に広がって行く。先に少し触れた湊川神社をはじめ、明治以降に数多く創建される別格官幣社のご祭神として祀られた人々（藤原鎌足・和気清麿・新田義貞・織田信長・島津斉彬・三条実美など）も同様である。「英霊祭祀」の対象とされる人々もこの系列に入る。すなわち、幕末維新期に国事に奔走して暗殺や処刑、あるいは戦闘などで死歿した人々の同志が彼らの霊を招き、親しく弔慰する祭儀として行われたのが起源である。実際、そうした祭儀は楠公祭とセットでなされることも少なくなかった。時には儒式でなされたこともあったが、多くは神式の祭典である。

ただ、ごく一部で今もなお「英霊祭祀」をもっぱら御霊信仰の文脈で論じようとする向きもあるが、それはいささか誇張に過ぎる。たしかに、国事に挺身して亡くなった人々の霊を放置したままにしておくと、社会に不穏な事態が生じるのではないかといった懸念がなかったわけではない。しかし、この種の祭典の祭詞や祭文の類をつぶさに眺めてみると、そこには祀る者が祀られる者の行実に共感してその精神の継承を誓うという姿勢は窺われても、祀られる者の霊を畏怖して、その荒《すさ》びをおそれるというような態度ではないことが判然とする。

あるべき「戦歿者追悼」の姿

もう一つ、今日では一般には「英霊祭祀」よりも「戦歿者追悼」という表現が使われることが多い。ここでのキーワードである「追悼」の意義についてもしばしば誤解されている。「追悼」はあくまでも戦歿者に対する「慰霊」にとどまるべきであって、「顕彰」であってはならない、との考えである。たしかに、「追悼」は「悲しみ、悼む」ことを基調としているが、戦歿者に対する「追悼」は天災や事故などで亡くなった人々に対するそれとはいささか異なる。彼らに対しては「悲しみ、悼む」だけでよいだろうが、戦歿者は災害死や事故死とは違って、「国家」という共同体のためにかけがえのない生命を捧げた人々である。そこには「感謝し、敬意を表する」という意味がさらに重ねられねばなるまい。

つまり、戦歿者の追悼は、戦歿者を「悼み、その霊をなごめること」（慰霊）と戦歿者の「祖国に尽くしたまごころを称え、後世に伝えること」（顕彰）の両義が不可分に結びついているのだ。このことは欧米の戦歿者追悼式（memorial exercise）のありようを見れば一目瞭然である。そこでは mourning（哀悼）と honor（崇敬）が一体となっている姿が容易に見出されるであろう。

最後に靖國神社と護國神社の関係について一言補足しておきたい。既に詳しく論述してきたように、全国各地にある護國神社は、東京招魂社を前身とする靖國神社とは別個に、主として各地方の藩などが創建した地方招魂社を起源としている。したがって、靖國神社と護國神社はいわゆる本社・分社の関係にあるのではない。この点もよく誤解されている。分社は本社（たとえば、八幡宮ならば宇佐神宮、稲荷神社ならば伏見稲荷大社）からご分霊を勧請《かんじょう》して奉祀した神社を指すからである。

他の事例を挙げるとすれば、別々に同じご祭神を奉祀して創建された大阪の住吉大社と下関の住吉神社の関係に類するもので、本社・分社の関係になくとも、ご祭神を同じくする神社同士が緊密な関係を持つのは当然のことである。護國神社は「全國護國神社會」を結成し、靖國神社と常に連携・協力しながら、「英霊祭祀」を日夜厳修し、戦歿者の慰霊・顕彰のための諸活動を推進している。

あとがき

靖國神社の英霊の御事跡を記すとき、御名前、階級、戦歿年月日、戦歿場所とともに、御出身地を必ず明記する。また、御神前には遺族始め崇敬者の方々が故郷の物産をお供えされる。お米、お酒、などなど重きことを厭わずに遠き故郷からお持ちになられる。このこと一つだけでも英霊と故郷とは切っても切れぬ絆のあることが分かる。

本書は、英霊はいかに故郷を思われたか、故郷ではいかに故郷出身の英霊を偲ばれているかを主題として、平成十八年三月一日より翌十九年一月三十一日まで靖國神社遊就館にて開催された特別展「故郷の護國神社」の展示品、解説文を「シリーズ・ふるさと靖國5」としてまとめたものである。

「シリーズ・ふるさと靖國」はこれまで、『昭和っ子は謳う』、『画集・童子のみたま祭』、『いざさらば我はみくにの山桜』、『散華の心と鎮魂の誠』の四巻が出版されている。シリーズ名「ふるさと靖國」の「ふるさと」とは、日本人のこころのふるさとである靖國神社という意味で命名したのであるが、今回奇しくもシリーズ名にふさわしい内容になったように思う。

我が国には靖國神社をはじめとして、各県、各村に忠魂碑、護國神社が建立され、英霊奉慰顕彰がなされている。そのうち戦前内務大臣により指定された五十二社（宮崎県は社殿建築中に終戦を迎え、鎮座は戦後）は全國護國神社會を組織している。この五十二社は、それぞれが独立しており、それぞれの歴史を持つが、そのなかにも大きく共通していることを二つだけあげてみる。

その一つは、当該道府県御出身の英霊を合祀し、日々鄭重なる祭祀が斎行されていることである。靖國神社は当時日本国籍であった台湾籍、朝鮮籍の方を含め、日本全国の英霊を祀っている。それに対し、各護國神社は当該道府県御出身の英霊を祀っている。北海道・岐阜県・兵庫県・広島県・島根県のように一県に複数存在するところもあり、神奈川県のように存在しない県もある。また、戸籍と関係なく、郷土聯隊在隊中に戦死した方をも合祀している護國神社や沖縄県護國神社のように沖縄戦で戦死されたすべての方々を合祀している神社もあるが、原則として一県に一社の護國神社が鎮座している。

故郷出身の合祀適格者（戦死・戦傷病死他）が生じた場合、当該護國神社は招魂祭を斎行し、合祀祭を厳粛に執り行う。合祀された英霊に対し奉りては、春秋の大祭を始め、日々まごころ籠めた祭祀が執り行われる。参拝者は遺族、戦友はもちろん、自然の流れとして、現在は戦後世代の方々が多くなっている。

もう一つは、故郷の人々が厚き奉賛のまことを捧げていることである。招魂社などの護國神社の起源となる御社が建立されたのは明治であり、制度として確立されたのは昭和十四年である。言わば神社としては比較的新しいものである。しかしその信仰は、我が国古来の信仰に根ざしている。

日本人の心を究明した江戸時代の国学者本居宣長は、「尋常《よのつね》ならずすぐれたる徳《こと》のありて、可畏《かしこ》き物を迦微《かみ》とは云ふなり」と言う。尋常ではなく、他と比較して優れた働きを持っていて、人が恐れ多いと感じ、尊敬して仰ぎ見る人・物、それがカミであると定義している。神となる資格は決して絶対的なものではなく、美しい自然、威厳のある自然も神。尋常でない人も神である。尋常でない人とは、自分のことを考えずに他者のことを考える人である。子孫のことを守ってくれる祖先も神である。他者のために生命を捨てて尽す、ムラ・部落といった共同体の為に生命を捧げた人も神なのである。私どもはこのように祖先や、共同体に尽くした人々を神とし、お祀りしてきた。同時にその神は子孫やその共同体を守ってくださる、という信仰を持ち続けてきた。護國神社、靖國神社は、このような日本人の宗教観、祖先観に根ざす伝統的習俗の底をしっかりと流れている「信仰」、その信仰に国家や共同体の手によって公的祭祀の資格が付与されたと考えることができる。

護國神社の歴史をひも解くと、存在さえ危ぶまれる苦難の時代もあった。大東亜戦争終戦後の占領政策時代である。大原康男先生がこの時代の苦難を述べられているが、「護國神社」という社号さえ許されなかったこの苦難の時代にもしっかりと護國神社を守られた人々がおり、占領解除後には実に多くの人々が奉賛の誠を捧げ、社殿の復興をなし、境内を隆昌の地としている。秋田県護國神社の如く、平成二年には心無き者の攻撃を受け御社殿が全焼したが、多くの御奉賛によりたちどころに荘厳な現在の御社殿が復興した例もある。護國神社への奉賛のまことの例は枚挙にいとまないが、我が国古来の信仰に根ざしているが故である。

念のため申し添えるが、各護國神社に対する天皇皇后両陛下、各宮様の御崇敬には実に忝いものがある。聖上におかせられては、地方御巡幸の折にはその地に鎮まる護國神社に幣帛料を下賜される。

今回の特別展「故郷の護國神社」を開催し、改めて英霊と故郷との強い結び付きを実感する。東京を含め誰にでも故郷があり、故郷を思うとき、自然と心安らぐものである。もしかするとそれは、故郷には故郷の英霊が鎮まり、故郷を見守ってくれるからかも知れない。

末筆ながら、本書に國學院大學大原康男教授の玉稿を頂戴したこと、編集・出版に際し展転社藤本隆之社長、今村裕編集長、花井孝之氏に格別なる御尽力を頂いたことに深く感謝申し上げる。さらに各護國神社には特別展開催時より本書上梓に至るまで多大なるご協力を頂いたことを感謝し御礼申し上げる次第である。

平成十九年三月二十日

靖國神社

『ふるさと靖國』の刊行に際して

敷島の大和心を人とはゞ朝日ににほふ山桜花　（本居宣長）

百千々の世にもうごかじ天地の神のかためし大和しまねは　（村田春海）

わが国学の先人は、このやうに凛たる国魂、厳たる国柄を謳つた。ゆるぎなき悠久の国史を刻む、わが日本人の心意気といはなくてなんであらうか。先人達は古来、瑞穂の国の豊穣に神恩を感謝し、父祖を敬ひ祀つて鎮魂の祭祀をたやさず、大君のしろしめす下、真に君民一体の国づくりにいそしみ、たぐひなき大和心を発揚した。

いま謹み顧みて、靖國のみやしろに神鎮まります二百四十六万余柱の英霊は、このかけがへもなきわが国土、わが誇らしき国風よ永遠なれと願ひつゝ、尊き御身を挺されたのであつた。その気高き殉国散華のいさをしの上に、今日の平和と繁栄がある。

戦後五十年もの平和を享受して来た今、改めて先人達の培ひ残して下さつたこれらの事に全国民が思ひをいたし、日本の道義の心、かぐはしき伝統と国風、そして日本人の〝心のふるさと〟を思ひ起こし、胸に刻みたいと思ふのである。

靖國神社ではこの趣旨達成のために微力を傾注することが、英霊の御神意に叶ふものと確信いたし、『ふるさと靖國』シリーズを企画した次第である。世代を超えた広汎な読者各位と共に相励み、研鑽を重ねていきたい。ここに発刊の辞とさせていただく。

平成五年四月二十二日　春季例大祭当日祭の佳日

靖國神社宮司　大野俊康

靖國神社

〒102-8246
東京都千代田区九段北 3-1-1
電話 03(3261)8326　FAX 03(3261)0081
http://www.yasukuni.or.jp/

シリーズ・ふるさと靖國5
故郷《ふるさと》の護國神社と靖國神社
「故郷の護國神社展」の記録

平成十九年四月六日　第一刷発行

企画・編集　靖國神社
発行人　藤本　隆之
発　行　展　転　社
〒113-0033　東京都文京区本郷1-28-36-301
TEL〇三（三八一五）〇七二一
FAX〇三（三八一五）〇七八六
http://www.tendensha.co.jp/

印刷　文　昇　堂
製本　大石製本所

ISBN978-4-88656-302-6 C0021